清涼國師華嚴經疏鈔

청량국사화엄경소초

정행품

31

청량징관 찬술 · 관허수진 현토역주

운주사

천이백 년 침묵의 역사를 깨고

오늘도 나는 여전히 거제만을 바라본다.

겹겹이 조종하는 산들

산자락 사이 실가닥 저잣길을 지나 낙동강의 시린 눈빛

그 너머 미동도 없는 평온의 물결 저 거제만을 바라본다.

십오 년 전 그날 아침을 그리며 말이다.

나는 2006년 1월 10일 은해사 운부암을 다녀왔다.

그리고 그날 밤 열한 시 대적광전에서 평소에 꿈꾸어 왔던 『청량국사 화엄경소초』 완역의 무장무애를 지심으로 발원하고 번역에 착수하였다.

나의 가냘픈 지혜와 미약한 지견으로 부처님의 비단과도 같은 화장 세계에 청량국사의 화려하게 수놓은 소초의 꽃을 피워내는 긴 여정을 시작한 것이다.

화엄은 바다였고 수미산이었다.

그 바다에는 부처님의 용이 살고 있었고

그 산에는 부처님의 코끼리가 노닐고 있었다.

예쁘게 단장한 청량국사 소초의 꽃잎에는 부처님의 생명이 태동하고 있었고,

겁외의 연꽃 밭에는 영원히 지지 않는 일승의 꽃이 향기를 뿜어내고

있었다.

그 바다 그 산 그리고 그 꽃밭에서 10년 7개월(구체적으로는 2006년
1월 10일부터 2016년 8월 1일까지) 동안 자유롭게 노닐었다.

때로는 산 넘고 강 건너 협곡을 지나고

때로는 은하수 별빛 따라 오작교도 다니었다.

삼경 오경의 그 영롱한 밤

숨쉬기조차 미안한 고요의 숭고함

그 시공은 영원한 나의 역경의 놀이터였다.

애시당초 이 작업은 세계 인문학의 자존심

내가 살아 숨쉬는 이 나라 대한민국 그리고 불교의 자존심에 기인한
것이다.

일찍이 그 누가 이 청량국사의 『화엄경소초』를 완역하였다면 나는
이 작업을 하지 않았을 것이다.

지금도 여전히 완역자는 없다.

더욱이 이 『청량국사화엄경소초』의 유일한 안내자 인악스님의 『잡
화기』와 연담스님의 『유망기』도 그 누가 번역한 사실이 없다.

그러나 내 손안에 있는 두 분의 『사기』는 모두 다 번역하여 주석으로
정리하였다.

이 청량국사 화엄경의 소는 초를 판독하지 않으면 알 수가 없다.

그래서 그 이름을 구체적으로 대방광불화엄경수소연의초大方廣佛華
嚴經隨疏演義鈔라 한 것이다.

즉 대방광불화엄경의 소문을 따라 그 뜻을 강연한 초안의 글이라는
것이다.

청량국사는 『화엄경』의 소문을 4년(혹은 5년) 쓰시되 2년차부터는
소문과 초문을 함께 써서 완성하시고 5년차부터 8년 동안 초문을
쓰셨다.

따라서 그 소문의 양은 초문에 비하면 겨우 삼분의 일에 지나지
않는다 할 것이다.

나는 1976년 해인사 강원에서 처음 『청량국사화엄경소초 현담』
여덟 권을 독파하였고,

1981년부터 3년간 금산사 화엄학림에서 『청량국사화엄경소초』를
독파하였다.

그때 이미 현토와 역주까지 최초 번역의 도면을 완성하였고,

당시에 아쉽게 독파하지 못한 십정품에서 입법계품까지의 소초는
1984년 이후 수선 안거시절 해제 때마다 독파하여 모두 정리하였다.

그러나 번역의 기연이 맞지 않아 미루다가 해인사 강주시절 잠시
번역에 착수하였으나 역시 기연이 맞지 않아 미루었다.

그리고 드디어 2006년 1월 10일 번역에 착수하여 2016년 8월 1일
십만 매 원고로 완역 탈고하고, 2020년 봄날 시공을 초월한 사상
초유 『청량국사화엄경소초』가 1,200년 침묵의 역사를 깨고 이 세상
에 처음 눈을 뜨게 된 것이다.

8

번역의 순서는 먼저 입법계품의 소초, 다음에는 세주묘엄품 소초에서 이세간품 소초까지, 마지막으로 소초 현담을 번역하였다.
번역의 형식은 직역으로 한 글자도 빠뜨리지 않고 번역하였다.
따라서 어색하게 느껴지는 곳도 있을 것이다.
예를 들면 소所 자를 "바"라 하고, 지之 자를 지시대명사로 "이것, 저것"이라 하고, 이而 자를 "그러나"로 번역한 등이 그렇다.
판본은 징광사로부터 태동한 영각사본을 뿌리로 하였고, 대만에서 나온 본과 인악스님의 『잡화기』와 연담스님의 『유망기』와 또 다른 사기 『잡화부』(잡화부는 검자권부터 광자권까지 8권만 있다)를 대조하여 번역하였다.

앞에서 이미 말한 것처럼, 그 누가 청량국사의 『화엄경소초』를 완역한 적이 있었다면 나는 이 번역에 착수하지 않았을 것이다.
지금까지 이 황금보옥黃金寶玉의 『청량국사화엄경소초』가 번역되지 아니한 것은 나에게 주어진 시대적 사명이고 역사적 명령이라 생각한다.
나는 이 『청량국사화엄경소초』의 완역으로 불조의 은혜를 갚고 청량국사와 은사이신 문성노사 그리고 나를 낳아준 부모의 은혜를 일분 갚는다 여길 것이다.

끝으로 이 『청량국사화엄경소초』가 1,200년의 시간을 지나 이 세상에 눈뜨기까지 나와 인연한 모든 사람들 그리고 영산거사 가족과 김시열 거사님께 원력의 보살이라 찬언讚言하며, 나의 미약한 번역으로 선지자의 안목을 의심케 할까 염려한다.

마지막 희망이 있다면 이 『청량국사화엄경소초』의 완역 출판으로 청량국사에 대한 더욱 깊고 넓은 연구와 『화엄경』에 대한 더욱 다양한 연구가 이루어지기를 바라는 것뿐이다.

장세토록 구안자의 자비와 질책을 기다리며 고개 들어 다시 저 멀리 거제만을 바라본다.

여전히 변함없는 저 거제만을.

2016년 8월 1일 절필시에 게송을 그리며

長廣大說無一字 장광대설무일자
無碍眞理亦無義 무애진리역무의
能所兩詮雙忘時 능소양전쌍망시
劫外一經常放光 겁외일경상방광

화엄경의 장대한 광장설에는 한 글자도 없고
화엄경의 걸림없는 진리에는 또한 한 뜻도 없다.
능전의 문자와 소전의 뜻을 함께 잊은 때에
시공을 초월한 경전 하나 영원히 광명을 놓누나.

불기 2567년 음력 1월 10일 최초 완역장
승학산 해인정사 관허 수진

● 화엄경소초현담華嚴經疏鈔玄談(1~8)

● 화엄경소초華嚴經疏鈔

영인본 5책 冬字卷

대방광불화엄경수소연의초 제십사권의 일권

大方廣佛華嚴經隨疏演義鈔 第十四卷之一卷

우진국 삼장사문 실차난타 번역

청량산 대화엄사 사문 징관 찬술

대한민국 조계종 사문 수진 현토역주

정행품 제십일권

淨行品 第十一卷

釋此一品에 五門分別하리라 初來意者는 夫欲階妙位인댄 必資勝
行하나니 有解無行하면 虛費多聞일새 故前品明解하고 此品辨行
하나니라 又前明入理觀行하고 今辨隨事所行하나니라 又前行此願이
니 並義次第일새 故次來也니라

이 한 품을 해석함에 오문五門으로 분별하겠다.

처음에 이 품이 여기에 온 뜻은 대저 묘위妙位에 오르고자 한다면
반드시 수승한 행을 가자해야 하나니,

해解만 있고 행行이 없으면 다문多聞만 허비하기에 그런 까닭으로
앞 품에서는 해解를 밝혔고, 이 품에서는 행行을 분별하였다.

또 앞 품에서는 진리에 들어가는 관행觀行을 밝혔고, 지금 이 품에서
는 사실을 따르는 소행所行을 분별하였다.

또 앞 품은 행行이고 이 품은 서원(願)이니 두 가지 뜻의 차례를
병합하였기에 그런 까닭으로 다음[1]에 이 품이 여기에 온 것이다.

鈔

來意有三하니 初는 通對前後辨來니 謂欲成妙位는 是後十住故요
前品明解는 卽是對前이라 二에 又前明入理下는 此及第三이 俱是對
前이니 二는 卽以行對行이나 但理事不同이요 三은 卽以願對行이니
則二品全別이라 故前品은 具解行二義요 此品은 具行願二義라

이 품이 여기에 온 뜻에 세 가지[2]가 있나니
처음에는 앞뒤를 모두 상대하여 온 뜻을 분별한 것이니,
말하자면 묘위를 이루고자 한다고 한 것은 이것은 뒤에 십주인
까닭이요,
앞 품에서는 해解를 밝혔다고 한 것은 곧 이것은 앞을 상대하여
분별한 것이다.

두 번째 또 앞 품에서는 진리에 들어가는 관행을 밝혔다고 한 아래는
이 두 번째 뜻과 그리고 제 세 번째 뜻이 함께 앞을 상대하여 분별한
것이니
두 번째 뜻은 행으로써 행을 상대하였지만[3] 다만 사리(事·理)가

---

1 다음이란, 삼품三品 중 제이第二니 다음이다. 즉 문명품問明品 다음이니 다음
이다.

2 이 품이 여기에 온 뜻이 세 가지가 있다고 한 것은 종래의 정의는 곧 여기에
처음의 뜻뿐이다. 역시 『잡화기』의 말이다.

3 행으로써 운운한 것은, 행으로써라고 한 것은 앞 품은 진리에 들어가는 관행이
고, 행을 상대한다고 한 것은 지금 품은 사실을 따르는 소행이다.

같지 않는 것이요,

세 번째 뜻은 곧 서원[4]으로써 행[5]을 상대한 것이니

곧 두 품이 온전히 다른 것이다.

그런 까닭으로 앞 품에서는 해와 행의 두 가지 뜻을 갖추었고,

이 품에서는 행과 서원의 두 가지 뜻을 갖추었다.

疏

次釋名者는 梵云具折囉는 此云所行이요 波利는 此云皆也遍也
요 戍輪律提는 云淸淨也니 謂三業으로 隨事緣歷이 名爲所行이요
巧願防非하야 離過成德이 名爲淸淨이며 又悲智雙運이 名爲所
行이요 行越凡小일새 故稱淸淨이니 以二乘無漏로는 不能兼利일
새 非眞淨故니라 得斯意者는 擧足下足이 盡文殊心이요 見聞覺知
가 皆普賢行이리라 文殊心故로 心無濁亂이니 是曰淸淨이요 普賢
行故로 是佛往修니 諸佛菩薩이 同所行也라 所行卽淨이니 持業
釋也라

다음에 이 품의 이름을 해석한 것은 범어에 말하기를 구절라는
여기서 말하면 소행所行이요,

파리는 여기에서 말하면 개皆이며 변遍이요,

슬륜율제는 여기에서 말하면 청정淸淨이니

---

4 서원은 차행此行이다.

5 행은 전행前行이다.

말하자면 삼업으로 사실을 따라 차례를 반연하는 것이 이름이 소행이 되고, 교묘한 서원으로 그름을 막아 허물을 떠나 묘덕을 이루는 것이 이름이 청정이 되며,

또 자비와 지혜를 함께 운행하는 것이 이름이 소행이 되고, 수행이 범부와 소승을 초월하기에 그런 까닭으로 이름이 청정이 되나니 이승의 무루지혜로써는 능히 이타를 겸할 수 없기에 진실한 청정이 아닌 까닭이다.

이 뜻을 얻은 사람은 발을 들고 발을 내리는 것이 다 문수의 마음이요, 보고 듣고 깨닫고 아는 것이 다 보현의 행일 것이다.

문수의 마음인 까닭으로 마음이 혼탁하거나 산란함이 없는 것이니 이것을 청정이라 말하는 것이요,

보현의 행인 까닭으로 부처님이 지난 옛날에 수행한 것이니 모든 부처님과 보살이 함께 행하신 바이다.

소행所行은 곧 정淨이니 지업석持業釋이다.

鈔

文殊心下는 覆成上二라 然卽賢首品에 初生起之意니 尋文可知라

문수의 마음이라고 한 아래는 다시 위에 두 가지[6] 뜻을 성립한 것이다. 그러나 곧 현수품에 처음 생기生起의 뜻[7]이니

───────────

6 원문에 상이上二란, 文殊 — 淸淨과 普賢 — 所行이다.
7 원문에 초생기지의初生起之意란, 영인본 화엄 5책, p.216, 9행 과목科目이니

경문을 찾아보면 가히 알 수가 있을 것이다.

疏

三宗趣者는 以隨事巧願으로 防心不散하야 增長菩薩의 悲智大行으로 爲宗하고 成就普賢實德으로 爲趣하니라

세 번째 종취는 사실을 따라 교묘한 서원으로써 마음을 막아 산란하지 않게 하여 보살의 자비와 지혜와 대행大行을 증장함으로 종을 삼고, 보현의 진실한 공덕을 성취함으로 취를 삼는 것이다.

疏

四解妨者는 問이라 文中에 但辨一百餘願거니 何有行耶아 答이라 文中에 辨行이 略有數重하니 謂就所歷事中하야 始自出家로 終於臥覺은 皆事行也요 觸境不迷하야 善達事理는 智行也요 以願導智하야 不滯自利는 大悲行也니 上二不二는 悲智無礙行也니라 遇達順境하야 心不馳散은 止行也요 智不沈沒은 觀行也니 卽止觀雙運行也니라 又對於事境하야 善了邪正하야 當願衆生은 皆假觀也요 知身空寂하야 心無染著은 空觀也요 見如實理는 中觀也요 或先空後中하며 或先假後空하며 或一或二하며 或一念頓具는 斯爲妙達三諦觀之行也니라 又所造成行을 皆施衆生하며 不起二

初는 문수발기文殊發起요 次는 현수광설賢首廣說이라 한 文殊發起中에 뜻이다.

乘之心하며 安忍强軟兩境하며 或增善品하며 心不異緣하며 妙達
性空하며 善巧迴轉하며 皆願利物하야 同趣菩提하며 二乘天魔가
所不能動하며 善知藥病하야 決斷無差는 卽十度齊修之行也니라
又皆願利生하며 皆成佛德하며 見惡必令其斷하며 見善必令其具
는 卽四弘誓願之行也니라 故智首가 總標諸德하야 以求其因커늘
文殊가 令善用心하야 頓獲衆果호대 但言惟願하니 豈不感哉리요

네 번째 방해함을 해석한 것은 묻겠다.
경문 가운데는 다만 일백여 가지 서원[8]만을 분별하였거니 어찌 행이
있다 하는가.
답하겠다.
경문 가운데 행行을 분별한 것이 간략하게 몇 가지 중석重釋[9]이
있나니
말하자면 역사歷事[10]한 바 가운데 나아가 처음 출가[11]함으로부터
마침내 누워 자고[12] 깨어나는 것은 다 사행事行이요[13]

---

8 원문에 일백여원一百餘願이란, 경문經文에는 一百四十一願을 말하고 있다.
9 원문에 수중數重이란, 몇 가지 거듭된 해석(重釋)이다.
10 역사歷事란, 행주좌와行住坐臥의 일이다.
11 출가出家라 한 출出은 재在 자인 듯하나니, 재가在家는 처음 서원(고본화엄
   동자권冬字卷 22장, 하 3행)에 해당하는 까닭이다.
12 누워 자고 깨어나는 것이라고 한 것은 곧 최후의 두 가지 서원(고본화엄
   동자권冬字卷 40장, 하 2행에 있다)이니 아래 경문을 점검하면 가히 알 수 있을
   것이다. 역시 『잡화기』의 말이다.
13 원문에 事行也 아래에 북장경에는 지가성공이행야知家性空理行也라는 말이

경계에[14] 닥쳐 미혹하지 않아 사리事理를 잘 요달하는 것은 지행智行
이요

서원으로써 지혜를 인도하여 자리自利에만 막혀 있지 않는 것은
대비행이니

위에 두 가지[15] 행이 두 가지가 아닌 것은 비지무애행悲智無礙行이다.

어기고 따르는 경계를 만나서 마음이 치달리고 산란하지 않는 것은
지행止行이요

지혜가 침몰하지 않는 것은 관행觀行이니[16]

곧 지관쌍운행止觀雙運行이다.

또 사실의 경계를 상대하여 삿되고 바름을 잘 알아 마땅히 중생에게
서원하게 한 것은 다 가관假觀이요

몸이 공적空寂한 줄 알아 마음이 물들거나 집착함이 없는 것은 공관空
觀이요

여실한 진리를 보는 것은 중관中觀이요

혹은 공관을 먼저 하고 중관을 뒤에 하며,

있다. 있는 것이 좋다. 그리고 理行也 아래에 상이불이上二不二 이사무애행理
事無礙行이란 말이 있어야 한다.

14 경계에 닥쳐 미혹하지 않는다고 한 구절은 이행理行이고, 사사事·리理를 잘
요달한다고 한 구절은 이·사가 걸림이 없는 행이고, 지행智行이라고 한 것은
위의 일대一對 가운데 세 가지 뜻을 합하여 제이대第二對 가운데 지혜의
한 행(智行)을 이루고자 한 까닭이다. 역시 『잡화기』의 말이다.

15 원문에 上二란 비지悲智이다. 소문疏文은 사리事理라 하였다.

16 원문에 觀行也라고 한 아래에 上二不二란 말이 있어야 한다.

혹은 가관을 먼저 하고 공관을 뒤에 하며,

혹은 한 관觀을 하고 혹은 두 관觀을 하며,

혹은 한 생각에 문득 삼관을 다 갖추는 것은 이것은 묘달삼제관妙達三
諦觀의 행이 되는 것이다.

또 지어서 이룬 바 수행을 다 중생에게 보시하며[17]

이승의 마음을 일으키지 아니하며[18]

강하고 부드러운 두 경계를 편안히 참으며

혹은 선품善品을 증장하며

마음이 다르게 반연하지 아니하며

자성이 공한 줄 묘하게 요달하며

선교방편으로 회전하며

다 중생을 이익케 하여 함께 보리에 나아가기를 서원[19]하며

이승과 천마天魔가 능히 움직이지 못하는 바이며

약과 병을 잘 알아 결단코 차이가 없게 하는 것은 곧 십바라밀을

---

17 중생에게 보시한다고 한 아래는 십바라밀을 차례대로 열거한 것이니 착오
  없기를 바란다.

18 이승의 마음을 일으키지 않는다고 한 것은 이승이 능히 중생을 이익케 함을
  겸하지 아니한즉 이것은 능히 중생을 섭수하는 계(섭중생계)가 아닌 까닭으로
  지금에 이승의 마음을 일으키지 않는 것이 이것이 중생을 섭지하는 계가
  되는 것이다. 역시 『잡화기』의 말이다.

19 여기에 皆願은 願바라밀의 대목이기에 이 대목에서 願 자를 해석해야 한다.
  혹 무차無差 下에 할 수도 있지만 옳지 않다. 9행에 皆願이란 말은 사홍서원四弘
  誓願을 말하고 있기에 四句 뒤(後)의 영기구슈其具 下에서 해석할 것이다.

같이 수행한 행이다.

또 다 중생을 이익케 하며,
다 부처님의 공덕을 이루게 하며,
악을 보면 반드시 그로 하여금 끊게 하며,
선을 보면 반드시 그로 하여금 갖추게 하기를 서원하는 것은 곧
사홍서원의 행이다.
그런 까닭으로 지수보살이 모든 공덕을 한꺼번에 표하여 그 원인을
구하여 묻거늘 문수보살이[20] 하여금 마음을 잘 써서 문득 수많은
과보를 얻게 하되 다만 오직 서원만 말하였으니[21] 어찌 의혹하지
않겠는가.

<hr />

20 문수文殊 운운은 영인본 화엄 5책, p.163 말행末行에 若諸菩薩이 善用其心하면
   則獲一切勝妙功德 云云하고, 영인본 화엄 5책, p.167, 4행에 云何用心하야사
   能獲一切勝妙功德고 하시고, 영인본 화엄 5책, p.178에 佛子야 菩薩在家에
   當願衆生 云云하셨다. 번역하면 만약 모든 보살이 그 마음을 잘 쓰면 곧
   일체 수승하고 묘한 공덕을 얻는다 운운하시고 어떻게 그 마음을 써야 능히
   일체 수승하고 묘한 공덕을 얻는가. 불자야 보살이 집에 있을 때 마땅히
   서원하기를 중생이 운운이라 할 것이다.
21 원문에 단언유원但言惟願이란, 答中에 當願이라고만 말하고 行이 없으나
   願中에 行願이 함께 들어 있다는 것이다. 영인본 화엄 5책, p.133, 4행에
   단변일백여원但辨一百餘願거니 하유행야何有行耶아 答文中에 辨行이 略有數
   重이라 하였다. 즉 정행품淨行品이니 答中에 오직 願이라고만 하면 잘못이다.
   行·願으로 보아야 한다는 것이다.

鈔

答文中下는 初列六中에 前三은 各有三義하니 如初事理三者는 一은
事行이요 二는 理行이요 三은 事理無礙行이라 以願導智下는 第二行
中에 含於三行하니 一은 大悲行이요 二에 觸境不迷하야 善達事理는
是智行이요 三에 雙達事理는 爲悲智無礙行이라 遇違順下는 三對中
行이 總有三行故니 一은 止요 二는 觀이요 三은 止觀雙運行이라 又對
於事下는 四中有五하니 別明空假中이 爲三이요 四는 三觀次第가
爲一行이요 五는 三觀一心이 爲一行이니 並文處可知라 三觀은 如前
後說이라

답하겠다. 경문 가운데라고 한 아래는 처음에 육중행六重行[22]을 열
거한 가운데 앞에 삼행은 각각 세 가지 뜻이 있나니
초대에 사리의 삼행은 첫 번째는 사행事行이요,
두 번째는 이행理行이요,
세 번째는 사리무애행事理無礙行이다.

서원으로써 지혜를 인도한다고 한 아래는 제이대第二對 가운데 삼행
을 함유하였으니
첫 번째는 대비행이요,
두 번째 경계에 닥쳐 미혹하지 않아 사리를 잘 요달한다고 한 것은

---

22 육중행六重行이란, 사리事理·비지悲智·지관止觀·삼관일심三觀一心·육도겸
수六度兼修·사홍서원四弘誓願이다. 육중六重은 곧 육대행六對行이다.

이 지행智行이요,[23]

세 번째 사리事理를 함께 요달하는 것은 비지무애행悲智無礙行이다.

어기고 따르는 경계를 만나서라고 한 아래는 제삼대第三對 가운데

행이 모두 삼행이 있는 까닭이니

첫 번째는 지행止行이요

두 번째는 관행觀行이요

세 번째는 지관쌍운행止觀雙運行이다.

또 사실의 경계를 상대하여라고 한 아래는 제사대第四對 가운데

오행五行이 있으니

공·가·중 삼관을 따로 밝힌 것이 삼행이 되고,

네 번째는 삼관을 차례로 관하는 것이 한 행이 되고,

---

23 이 지행智行 운운 아래에 일一은 지智로, 다음 줄에 사리事理는 비지悲智로, 비悲는 중中으로, 위지爲智는 유삼有三으로, 다음 줄에 지智는 지止로 비悲는 관觀으로, 비지悲智는 지관止觀으로 과감하게 고친다. 북장경(대만 교정본)도 二中에 三行의 一은 대비행大悲行이요 二는 초대비지初對悲智하야 총위지행總 爲智行이요 三은 비지쌍운행悲智雙運行이라 하여 지止와 관觀과 지관쌍운止觀 雙運이 없고 바로 四中에 有五라 하여 착각하였다. 나는 소문을 의지하여 과감하게 고쳤다. 의심하지 마라. 현재 이 초문대로는 전혀 이해할 수 없고 소문과도 맞지 않다. 따라서 『잡화기』는 영인본 화엄 5책, p.135, 1행에 一은 대비大悲라고 한 것으로부터 3행에 위순하違順下라고 한 곳까지 열세 글자(十三字)는 필요 없는 글자가 아닌가 의심한다 한 것이다. 그리고 위순하違 順下라 한 下 자는 운운하였으나 나는 이미 소문에 맞추어 고쳐 번역한 까닭으로 『잡화기』의 말로써 혼돈할까 염려하여 이 부분의 『잡화기』는 번역 하지 않는다.

다섯 번째는 삼관이 한 마음인 것이 한 행이 되나니
아울러 문장의 처소는 가히 알 수가 있을 것이다.
삼관은 전후에 설한 것과 같다.[24]

疏

復有問言호대 夫妙行者는 統唯無念거늘 今見善見惡에 願離願
成하야 疲役身心거니 豈當爲道아 答이라 若斯見者는 離念求於無
念이니 尙未得於眞無念也어든 況念無念之無礙耶아 又無念은
但是行之一也어니 豈成一念頓圓이 如上所明也리요 行學之者는
願善留心이어다

다시 어떤 사람이 물어 말하기를 대저 묘한 행은 오직 무념만을
통괄하거늘, 지금에는 선을 보고 악을 봄에 떠나기를 서원하고
이루기를 서원하여 몸과 마음을 피곤하게 부리거니 어찌 마땅히
도라 하겠는가.
답하겠다.
이와 같이 보는 사람은 생각을 떠나 무념을 구하는 것이니 오히려
참다운 무념도 아직 얻지 못하였거든 하물며 유념과 무념이 걸림이
없는 것이겠는가.

---

24 전후에 설한 것과 같다고 한 아래에 오대에 십도十度와 육대에 사홍서원이
   있음을 쉽게 알 수 있을 것이다.

또 무념은[25] 다만 이 행의 하나일 뿐이거니 어찌 한 생각에 문득
원만함을 성립하는 것이 위에서 밝힌 바[26]와 같겠는가.
수행하고 배우는 사람은 원컨대 잘 유념留念할 것이다.

---

25 또 무념이라고 한 등은 이 위에서는 가히 생각을 떠나 따로 무념을 구하지
아니한즉 유념이 곧 무념이라 말하였거니와, 여기에서는 무념이 다만 이
한 가지 행(선정행)뿐이기에 위에서 밝힌 바 한 생각에 문득 십바라밀 등의
모든 행을 갖춘다고 말할 수 없는 것이니, 곧 무념 가운데 또한 반드시
수많은 행을 갖춘다고 해야 이에 옳다고 말하는 것뿐이다. 이상은 역시
『잡화기』의 말이다. 무념은 육바라밀 가운데 선정에 해당한다.
26 위에서 밝힌 바란, 위에서 삼관일심三觀一心과 사리무애理事無礙 등이라 한
것이다.

經

爾時에 智首菩薩이 問文殊師利菩薩言호대

그때에 지수보살이 문수사리보살에게 물어 말하기를

疏

第五는 釋文이라 於中二니 先智首問이니 擧德徵因이요 後文殊答
이니 標德顯因이라 今初는 亦先標問答之人이요 後는 陳所疑之問
이라 今初에 此二菩薩은 爲顯圓修니 歷事巧願은 必智爲導故며
事近旨遠은 唯妙德故라 文殊則般若觀空하고 智首則溫和涉事
하나니 涉事不迷於理일새 故雖願而無取요 觀空不遺於事일새 故
雖空而不證이라 是爲權實雙游니 假玆問答이라

제 다섯 번째는 경문을 해석한 것이다.
그 가운데 두 가지가 있나니
먼저는 지수보살이 물은 것이니
과덕을 들어 원인을 물은 것이요
뒤에는 문수보살이 답한 것이니
과덕을 표하여 원인을 나타낸 것이다.[27]

---

27 과덕을 표하여 원인을 나타낸다고 한 것은, 『잡화기』에 말하기를 묻는 가운데
거론한 바 삼업 등은 이것은 과덕을 표한 것이고, 역시 묻는 가운데 다
말하기를 보살이 어떻게 허물이 없는 신·어·의를 얻는가 한 것은 이것은

지금은 처음으로 또한 먼저는 묻고 답하는 사람을 표한 것이요
뒤에는 의심하는 바 물음을 진술한 것이다.

지금은 처음으로 이 두 보살은 원만한 수행을 나타내기[28] 위한 것이니
지나온 사실의 방편(巧)과 서원은 반드시 지혜[29]로서 인도하는 까닭
이며

사실은 가깝고 뜻이 먼 것은 오직 묘덕이 알 뿐인 까닭이다.

문수는 곧 반야로 공을 관하고, 지수는 곧 구화漚和[30]로 사실을 간섭하
나니

사실을 간섭하지만 공의 진리를 미혹하지 않았기에 그런 까닭으로
비록 서원하지만 취할 수 없고

공을 관하지만 사실을 버리지 않았기에 그런 까닭으로 비록 공하지
만 증득할 수 없다.

이것이 방편과 진실[31]을 함께 유행하는 것이 되나니

원인을 물은 것이다 하였다. 묻는 가운데라고 한 것은 영인본 화엄 5책,
p.139, 7행이고 고본은 동자권冬字卷 5장, 상 7행이다.

28 원만한 수행을 나타낸다고 한 것은 방편과 진실을 함께 유행하는 것이 이것이
원만한 수행인 까닭이다. 소본엔 현원수顯圓修라는 세 글자가 문답자問答者라
는 세 글자로 되어 있으나 지금에 현원수라고 말하고 있는 것이 더 묘하고
좋다 하겠다.

29 여기서 지혜는 지수智首를 의미하고, 아래 묘덕妙德은 문수文殊를 의미한다.

30 구화漚和라고 한 것은 방편선교이다. 즉 구화구사라漚和拘舍羅는 제칠第七에
방편선교이다. 초문을 보라.

31 방편과 진실이라고 한 것은 『잡화기』에 또한 가히 후득지, 근본지, 여리지如理
智, 여량지如量智라 이름하는 등이라 하였다.

이것을 가자하여 묻고 답한 것이다.

鈔

漚和涉事者는 梵語에 具舍羅니 此云方便善巧니 卽肇公宗本論文
이라 論云호대 漚和般若者는 大慧之稱也라 諸法實相을 謂之般若나
能不形證은 漚和功也요 適化衆生을 謂之漚和나 不染塵累는 般若
力也라 然則般若之門으로 觀空하고 漚和之門으로 涉有하나니 涉有
未始迷虛일새 故常處有而不染이요 不厭有而觀空일새 故觀空而不
證이라하니라 是爲一念之力에 權慧具矣니 一念之力에 權慧具矣는
好思하면 歷然可解니라

구화로 사실을 간섭한다고 한 것은 범어의 구사라[32]이니,
여기서 말하면 방편선교方便善巧이니 곧 승조법사의 종본론宗本論의
문장이다.
종본론에 말하기를 구화반야漚和般若라고 하는 것은 큰 지혜의 이름
이다.

---

32 기사라其舍羅라 한 기其 자는 구具 자의 잘못이다. 구사라는 『법화경』 방편품에
  가상嘉祥스님이 방편품의 이름을 해석하여 말하기를 범어의 구화구사漚和拘
  舍羅라 말하였거든, 여기에서 말하면 방편의 수승한 지혜라 한다 하였으니,
  저 가상스님이 방편의 수승한 지혜라 말한 것이 반드시 이 가운데 방편을
  선교라 한 것으로 더불어 번역이 같지 아니함이 있는 것인가. 역시 『잡화기』의
  말이다. 가상스님은 길장吉藏스님으로 회계의 가상사嘉祥寺에 있었기에 가상
  스님이라 하는 것이다. 구사라具舍羅는 拘舍羅, 俱舍羅라고도 쓴다.

모든 법의 실상을 반야라 말하지만 능히 증득함을 형성할 수 없는 것은 구화의 공력이요,

적당하게 중생을 교화하는 것을 구화라 말하지만 번뇌의 얽힘에 물들지 않는 것은 반야의 힘이다.

그러나 곧 반야의 문(門)으로는 공을 관하고 구화의 문으로는 삼유를 간섭하나니,

삼유를 간섭하지만 처음부터 공(虛)의 진리를 미혹하지 않았기에 그런 까닭으로 항상 삼유에 거처하지만 물들지 않고 삼유를 싫어하지 않지만 공의 진리를 관하기에 그런 까닭으로 비록 공을 관하지만 증득할 수 없다 하였다.

이것이 한 생각의[33] 힘에 방편과 지혜를 갖춘 것이 되나니,

한 생각의 힘에 방편과 지혜를 갖추었다고 한 것은 잘 생각하면 분명히 가히 알 수 있을 것이다.

疏

二陳所問中에 有二十云何하니 總十一段에 段各十句로 成一百一十種德이라 第一段은 明三業離過成德이요 二는 得堪傳法器요 三은 成就衆慧요 四는 具道因緣이요 五는 得法善巧요 六은 修涅槃因이요 七은 滿菩薩行이요 八은 得十力智요 九는 十王敬護요 十은

---

[33] 한 생각이라고 한 등은 이 위에는 종본론의 문장을 인용한 것이고 여기는 생각하기를 권하는 것이니, 방편과 지혜라고 한 것은 방편의 지(智)와 진실한 혜(慧)이다. 따라서 방편과 진실이라고 해석해도 무방하다 하겠다.

能爲饒益이요 十一은 超勝尊貴라 此十一中에 若就相顯인댄 二四
與六의 此三唯因이요 八及十一의 此二唯果요 餘通因果라 或攝
爲四對因果하니 初二十句는 問福因福果니 先因後果요 次二十
句는 問慧因慧果니 先果後因이요 三二十句는 問巧解因觀行果
요 四有五段은 問修行因成德果니 初一爲因이요 餘四爲果니라
或分爲二하니 初十云何는 問淨行體니 是問因義요 後十云何는
問行所成이니 是問果義니 以善修七覺等이 亦是淨行之能故니라
皆言云何得者는 爲修何行하야 而得之耶라하니라 初十望後일새
故說爲因거니와 望歷緣巧願으로 成淨行體인댄 卽是於果나 未是
圓果요 而是分果니 故上總云호대 擧果徵因이라하니라

두 번째 질문하는 바를 진술하는 가운데 스무 구절의 어떻게(云何)라
는 말이 있나니,

모두 열한 단에 단마다 각각 열 구절이 있어 일백일십 가지의 공덕을
이루는 것이다.

제일단은[34] 삼업이 허물을 떠나 공덕 이룸을 밝힌 것이요

제이단은[35] 법을 전함에 감당할 그릇을 얻는 것이요

제삼단은 수많은 지혜를 성취하는 것이요

제사단은 도의 인연을 갖추는 것이요

제오단은 법法의[36] 선교를 얻는 것이요

---

34 제일단은 총總이다.

35 제이단부터는 별別이니 십단이 있다.

제육단은 열반의 원인을 닦는 것이요

제칠단은 보살의 행을 원만히 하는 것이요

제팔단은 십력의 지혜를 얻는 것이요

제구단은 십왕이 공경하고 수호하는 것이요

제십단은 능히 요익케 하는 것이요

제십일단은 뛰어나 수승하고 존귀[37]한 것이다.

이 십일단 가운데 만약 모습(相)에 나아가 나타낸다면 제이단과 제사단과 더불어 제육단의 이 삼단은 오직 원인(因)만을 나타낸 것이요,

제팔단과 그리고 제십일단의 이 두 단은 오직 과보(果)만을 나타낸 것이요,

나머지는 원인과 과보에 통하는 것이다.

혹은 거두어 사대四對의 인과를 삼았으니,

처음에 이십 구절은 복의 원인과 복의 과보를 물은 것이니

먼저는 원인을 묻고 뒤에는 과보를 물은 것이요

다음에 이십 구절은 지혜의 원인과 지혜의 과보를 물은 것이니

먼저는 과보를 묻고 뒤에는 원인을 물은 것이요

세 번째 이십 구절은 교해巧解[38]의 원인과 관행觀行의 과보를 물은 것이요

---

36 여기서 법法은 오온五蘊, 십이처十二處, 십팔계十八界 등이다. 아래 영인본 화엄 5책, p.158을 참고하라. 어법於法의 於 자는 得 자가 좋다.

37 존귀라고 한 아래에 의업意業이라는 두 글자는 없는 것이 좋다 하겠다.

38 교해巧解라고 한 것은 선교지해善巧知解라는 뜻이다.

네 번째 오단이 있는 것은 수행의 원인과 공덕을 이루는 과보를
물은 것이니,
처음에 일단은 원인이 되고 나머지 사단은 과보가 되는 것이다.

혹은 나누어 두 가지로 하였으니
처음에 열 가지 어떻게(云何)라고 한 것은 정행淨行의 자체를 물은
것이니
이것은 원인의 뜻을 물은 것이요
뒤에 열 가지 어떻게(云何)라고 한 것은 정행의 자체를 이룰 바를
물은 것이니
이것은 과보의 뜻을 물은 것이니
칠각지 등을 잘 닦아 익히는 것이 역시 정행의 공능³⁹인 까닭이다.
다 어떻게 얻는가라고 말한 것은 어떤 행을 닦아서 얻는가⁴⁰ 한
것이다.
처음에 열 가지⁴¹ 어떻게라고 한 것은 뒤에 열 가지 어떻게라고

---

39 정행의 공능이라고 한 것은 정행의 이룰 바 공능이니 곧 이것은 과보이다.
   역시 『잡화기』의 말이다.
40 어떤 행을 닦아서 얻는가 한 것은 바로 아래 경문에 불자야 보살이 어떻게
   허물이 없는 신·어·의 업을 얻는가 운운한 것이다.
41 처음에 열 가지라고 한 등은 그 뜻에 말하기를 만약 문수보살이 답한 바를
   상대하지 않고 다만 물은 가운데만 나아간다면 처음에 열 가지 물은 것은
   원인이 되고 뒤에 열 가지 물은 것은 과보가 된다. 만약 이 물은 것을 가져
   문수보살이 답한 바를 모두 상대한다면 곧 처음에 열 가지 물은 것과 뒤에
   열 가지 물은 것을 모두 다 과보라 이름할 것이다. 그러나 앞에 비난한

한 것을 바라보기에 그런 까닭으로 원인이 된다고 설하였거니와 지나온 인연의 사실에 방편과 서원[42]으로 정행의 자체를 이룰 바를 바라본다면 곧 이것은 과덕(果)이지만 아직 원만한 과덕은 아니고 부분적 과덕(分果)일 뿐이니

그런 까닭으로 위[43]에서 한꺼번에 말하기를 과덕을 들어 원인을 물은 것이다 하였다.

鈔

以善修七覺下는 解妨이니 謂有問云호대 其初意中에 二四與六의 此三明因인댄 如何今十을 皆得名果고할새 故爲此通이니 以約相顯하야 望菩提涅槃인댄 此三爲因거니와 是初十成일새 故得稱果니라 皆言下는 釋云何得言이라 從初十望後下는 重通伏難이니 問이라 初十旣因인댄 何以前科云호대 智首는 擧德徵因고하니 答意可知라 則智首는 總問因果之德하고 文殊는 總擧歷緣巧願하야 則皆成矣니 總問其果니라

칠각지七覺支 등을 잘 닦아 익힌다고 한 아래는 방해함을 해석한 것이니

것(물은 것)은 뒤에 열 가지 물은 것은 과보가 된다고 한 말을 잡아 비난한 것이고, 여기에 비난한 것(물은 것)은 처음에 열까지 물은 것은 원인이 된다고 한 말을 잡아 비난한 것이다. 역시 다 『잡화기』의 말이다.

42 지나온 인연의 사실에 방편과 서원이란, 바로 아래에 나오는 141원願이다.

43 위에라고 한 것은 영인본 화엄 5책, p.136, 3행이다.

말하자면 어떤 사람이 물어 말하기를 그 처음의 뜻 가운데[44] 제이단과
제사단과 더불어 제육단의 이 삼단은 원인을 밝힌다고 하였다면
어떻게 지금의 십단을 다 과보라 이름을 얻겠는가 하기에 그런
까닭으로 이 통석을 한 것이니,
모습을 잡아 나타내어 보리와 열반을 바라본다면 이 삼단이 원인이
되거니와 이것은 처음에 열까지 어떻게(云何)라고 한 것을 성립한
것이기에 그런 까닭으로 가보라고 이름함을 얻는 것이다.

다 어떻게 얻는가라고 말한 아래는 어떻게 얻는가라고 말한 것을
해석한 것이다.

처음에 열 가지 어떻게라고 한 것은 뒤에 열 가지 어떻게라고 한
것을 바라본다고 함으로 좇아 아래는 거듭 잠복하여 비난함을 통석
한 것이니
묻겠다.
처음에 열까지 어떻게라고 한 것이 이미 원인이라고 하였다면 무슨
까닭으로 앞의 과목에서 말하기를 지수보살은 과덕을 들어 원인을
묻는가 하였으니
답한 뜻은 가히 알 수가 있을 것이다.
곧 지수보살은 인과의 공덕을 한꺼번에 묻고, 문수보살은 지나온

---

44 그 처음의 뜻 가운데 운운한 것은 원인을 밝힌 것이고, 제 두 번째 뜻에
   제팔단과 제십일단의 이단二段은 과보를 밝힌 것이다.

인연의 일에 방편과 서원을[45] 한꺼번에 들어 곧 인과를 다 성립한
것이니

그 과덕을 한꺼번에 물은 것[46]이다.

---

45 원문에 교원巧願이라 한 교巧 자는 행行이니 방편행이라 하겠다.

46 北藏엔 총문기과總問其果가 없다. 『잡화기』에 그 과덕을 한꺼번에 물은 것이라
  고 한 것은, 그 뜻에 말하기를 이미 문수보살은 지나온 인연의 일에 방편과
  서원이 앞에 물은 바를 성립한 것이라고 한다면 어찌 그 과덕을 한꺼번에
  물은 것이 아니겠는가 하였다.

경

佛子야 菩薩이 云何得無過失身語意業하며 云何得不害身語意業하며 云何得不可毀身語意業하며 云何得不可壞身語意業하며 云何得不退轉身語意業하며 云何得不可動身語意業하며 云何得殊勝身語意業하며 云何得淸淨身語意業하며 云何得無染身語意業하며 云何得智爲先導身語意業하며

불자여, 보살이 어떻게 허물이 없는 신·어·의 업을 얻으며
어떻게 해치지 않는 신·어·의 업을 얻으며
어떻게 가히 훼손할 수 없는 신·어·의 업을 얻으며
어떻게 가히 무너뜨릴 수 없는 신·어·의 업을 얻으며
어떻게 퇴전하지 않는 신·어·의 업을 얻으며
어떻게 가히 동요하지 않는 신·어·의 업을 얻으며
어떻게 수승한 신·어·의 업을 얻으며
어떻게 청정한 신·어·의 업을 얻으며
어떻게 물들지 않는 신·어·의 업을 얻으며
어떻게 지혜가 선도하는 신·어·의 업을 얻으며

소

今分爲二리라 初之一段은 總問其果요 後十은 別明이라 今初十句는 得此十種三業하야 成下十果니 由無過三業일새 故超勝尊貴요

由不恚害일새 故常爲饒益이요 由無餘惑하야 不可譏毀일새 故十
王敬護요 由惡緣不可壞일새 得佛十力이요 由修行不退轉일새 滿
菩薩行이요 由遠離諸相하야 如如不動일새 成涅槃因이요 由德行
殊勝일새 故得法善巧요 由體淸淨如虛空일새 故成具道緣이요 由
涉境無染일새 故得堪傳法器요 由智先導일새 故成就衆慧니라

지금에 경문을 나누어 두 가지로 하겠다.
처음에 일단은 그 과덕을 한꺼번에 물은 것이요
뒤에 십단은 따로 밝힌 것이다.
지금은 처음으로 열 구절은 이 열 가지 삼업을 얻어 아래에 열
가지 과보를 성립한 것이니,
허물이 없는 삼업을 인유하기에 그런 까닭으로 뛰어나 수승하고
존귀한 것이요
성내어 해치지 아니함을 인유하기에 그런 까닭으로 항상 요익케
하는 것이요
나머지 번뇌마저 없어 가히 꾸짖거나 훼손할 수 없음을 인유하기에
그런 까닭으로 십왕十王이 공경하고 수호하는 것이요
악한 인연이 가히 무너뜨릴 수 없음을 인유하기에 부처님의 십력을
얻는 것이요
수행이 퇴전하지 아니함을 인유하기에 보살의 행을 원만히 하는
것이요
모든 모습을 멀리 떠나 여여하여 동요하지 아니함을 인유하기에
열반의 원인을 이루는 것이요

덕행이 수승함을 인유하기에 그런 까닭으로 법의 선교를 얻는 것
이요

자체가 청정하여 허공과 같음을 인유하기에 그런 까닭으로 도의
인연을 이루어 갖추는 것이요

경계를 간섭하지만 물들지 아니함을 인유하기에 그런 까닭으로
법을 전함에 감당할 그릇을 얻는 것이요

지혜가 선도함을 인유하기에 그런 까닭으로 수많은 지혜를 성취하는
것이다.

鈔

總問其果의 疏文을 分三하리니 初는 依總別科釋이라 則十一段이 皆
是所成之果며 兼含料揀中第三意니 初十爲能成이요 下十爲所成
이라 從後倒牒十果하야 案次釋文이니 謂第一無過失三業은 得第十
一超勝尊貴果하고 第二不害三業은 得第十能爲饒益果하고 三成第
九하고 四成第八하고 五成第七하고 六成第六하고 七成第五하고 八
成第四하고 九成第二하고 十成第三하나니 唯後二前却耳요 亦可如
次니라 猶涉境無染일새 故成衆慧라하고 智爲先導일새 成就法器라하
니라 其中加字는 已當釋文이니 如云無恚害는 以恚釋害요 以涉境으
로 釋於無染이요 約體釋於淸淨等이니 細尋歷然하니라

그 과덕을 한꺼번에 물은 것이라고 한 소문을 세 가지로 나누리니
처음에는 한꺼번에 물은 것과 따로 밝힌 과목을 의지하여 해석한

것이다.

곧 십일단이 다 이룰 바 과보이며 겸하여 헤아려 가리는 가운데 제 세 번째 뜻도 포함하였으니[47]

처음에 열 구절은 능성能成이 되고 아래의 열 구절은 소성所成이 되는 것이다.

뒤로 쫓아 거꾸로 열 가지 과보를 첩석하여 차례를 안찰하여 경문을 해석한 것이니

말하자면 제일구에 허물이 없는 삼업은 제십일단에 뛰어나 수승하고 존귀한 과보를 얻고,

제이구에 해치지 않는 삼업은 제십단에 능히 요익케 하는 과보를 얻고,

제삼구는 제구단을 성취하고,

제사구는 제팔단을 성취하고,

제오구는 제칠단을 성취하고,

제육구는 제육단을 성취하고,

제칠구는 제오단을 성립하고,

---

47 겸하여 헤아려 가리는 가운데 제 세 번째 뜻도 포함하였다고 한 것은 이 가운데 경문이 이미 문의文義를 수없이 많이 포함한 까닭으로 소문에도 또한 다각적으로 해석하였거니와, 다만 그 정의는 곧 모두 십일단으로써 다 이룰 바 과보를 삼는 까닭으로 총문과總問科에 말하기를 과덕을 들어 원인을 물은 것이라 하고, 또 나누어 말하기를 처음에 일단은 그 과덕을 한꺼번에 물은 것이고 뒤에 열 가지 물은 것은 따로 밝힌 것이다 한 것이 그 뜻이 다 여기에 있다. 그런 까닭으로 여기에 겸하였다는 말을 이루는 것이다. 역시 『잡화기』의 말이다.

제팔구는 제사단을 성취하고,

제구구는 제이단을 성취하고,

제십구는 제삼단을 성취하나니

오직 뒤에 이단[48]만이 앞뒤가 바뀌었을 뿐 나머지는 또한 가히 차례
와 같다.

즉 경계를 간섭[49]하지만 물들지 아니함을 인유하기에 그런 까닭으로
수많은 지혜를 성취한다고 하고, 지혜가[50] 서로 선도하기에 법의
그릇을 성취한다 할 것이다.

그 가운데 글자를 더한 것[51]은 이미 석문釋文에 해당하나니

저 소문에 말하기를 성내어 해치지 않는다고 한 것은 성냄으로써
해침을 해석한 것이요

경계를 간섭함으로써 물들지 아니함을 해석한 것이요

자체를 잡아 청정함을 해석한 등이니

자세히 찾아보면 분명할 것이다.

---

48 뒤에 이단이란, 곧 9단, 10단이다.

49 원문에 유섭猶涉이라 운운한 것은, 『잡화기』에 말하기를 소문에 배대한 것을
번복하는 까닭으로 유猶(오히려)라는 말을 이루는 것이다 하였으나, 바로
앞에 뒤에 두 단만 앞뒤가 바뀌었다 말하였기에 소문에서처럼 유由 자를
그대로 두고 뒤에 두 단이 바뀐 것으로만 인지하면 된다. 따라서 유猶는
유由로 보는 것이 좋다 하겠다. 유섭 운운은 제구第九이다.

50 지혜가 운운은 제십第十이다.

51 기중가자其中加字는 즉 글자를 더하였다는 것이니, 경문經文에는 淸淨이라는
말뿐인데 소문疏文에서는 由體淸淨이라 하여 體 자를 더한 등등을 말한
것이니, 이것은 석문釋文에 해당한다는 것이다.

疏

又由後十하야 能成就此十하나니 以十三業이 永無失等은 唯佛不
共이요 分分無失은 亦通於因이라 又此十句에 初一은 總顯無過요
次八은 別顯無過요 後一은 總出其因이라 若以智慧爲先導인댄
身語意業이 常無失故니라 又於中八에 前二離過요 後六成德이라

또 뒤에 십단을 인유하여 능히 이 열 구절을 성취하나니
열 가지 삼업이 영원히 허물이 없는 등은 오직 부처님의 불공不共[52]뿐
이요
부분부분[53] 허물이 없는 것은 또한 뒤의 원인에도 통하는 것이다.

또 이 열 구절에 처음에 한 구절은 허물이 없는 것을 한꺼번에
나타낸 것이요
다음에 여덟 구절은 허물이 없는 것을 따로 나타낸 것이요

---

52 불공不共은 과果이다.
53 부분부분이라고 한 등은 그 뜻에 말하기를 삼업이 만약 영영 허물이 없다고
한다면 곧 이것은 불과佛果이고, 만약 부분부분 허물이 없다고 한다면 곧
이것은 원인이니 원인 가운데 비록 아직 영원히 허물이 없지는 않지만 부분적
으로는 또한 허물이 없는 까닭이다. 이것을 의지한다면 앞에 첫 번째 헤아려
가리는 가운데 나머지는 인과에 통한다고 말한 것은 다 여기에 비례하면
알 수가 있을 것이다. 마치 수많은 지혜를 성취함에 응당 부분적으로 성취하는
것은 원인이 되고 원만하게 성취하는 것은 불과가 된다고 하는 등과 같다.
이상은 『잡화기』의 말이다.

뒤에 한 구절은 그 원인을 한꺼번에 설출한 것이다.

만약 지혜로서 선도한다면 신·어·의 업이 항상 허물이 없는 까닭이다.

또 그 중간의 여덟 구절에 앞에 두 구절은 허물을 떠난 것이요 뒤에 여섯 구절은 공덕을 성취한 것이다.

鈔

又由後十下는 二에 先果後因釋이니 以初十句로 爲果하고 後之十段百句로 爲因이라 故云永無失等은 唯佛不共이라하니라 永無失等者는 等下九句의 不害業等이라 言不共者는 即十八不共法이니 謂一은 身業無誤失이요 二는 無卒暴音이요 三은 無種種想이요 四는 無不定心이요 五는 無忘失念이요 六은 無不擇捨요 七은 欲無退요 八은 念無退요 九는 精進無退요 十은 定無減이요 十一은 智慧無減이요 十二는 解脫無減이요 十三은 身業智爲先導하야 隨智而轉이요 十四는 語業智爲先導하야 隨智而轉이요 十五는 意業智爲先導하야 隨智而轉이요 十六은 知過去하야 無著無礙요 十七은 知未來하야 無著無礙요 十八은 知現在하야 無著無礙니 廣如別章하니라 今以十句로 通攝十八하니 謂初二는 即初三이니 由三業無過害故요 次二는 即次三이니 由有念定慧故로 不可毁壞일새 故三皆云無요 五六은 即七八九요 七은 即定慧解脫이니 三種無減일새 故稱殊勝이요 八九는 即後三이니 三世無著無礙일새 故云淸淨無染이요 十은 即十三十四十五니 智

爲先導하야 隨智而轉이라 故疏云永無失等은 唯佛不共이라하얏거니
와 今約分分일새 故爲後因이라하니라

또 뒤에 십단을 인유하여라고 한 아래는 두 번째 먼저는 과보를
묻고 뒤에는 원인을 물은 것을 해석한 것이니,
처음에 열 구절[54]로써 과보를 삼고 뒤에 십단의 백 구절로써 원인을
삼는다.
그런 까닭으로 말하기를 영원히 허물이 없는 등은 오직 부처님의
불공뿐이다 하였다.
영원히 허물이 없는 등이라고 한 것은 아래 아홉 구절에 해치지
않는 신·어·의 업 등을 등취한 것이다.

불공이라고 말한 것은 곧 십팔불공법이니,
말하자면 첫 번째는 신업이 허물이 없는 것이요
두 번째는 돌연한[55] 목소리가 없는 것이요
세 번째는 가지가지 생각이 없는 것이요
네 번째는 결정하지 못하는 마음이 없는 것이요
다섯 번째는 잃어버리는 생각이 없는 것이요
여섯 번째는 가려서 버리지 아니함이 없는[56] 것이요
일곱 번째는 의욕이 물러나지 않는 것이요

---

54 원문에 初十句란, 곧 初一段인 총문기과總問其果이다.
55 원문에 졸폭卒暴이란, 돌연, 갑작스러움이라는 뜻이다.
56 원문에 무불택사無不擇捨란, 慧의 뜻이다.

여덟 번째는 생각이 물러나지 않는 것이요

아홉 번째는 정진이 물러나지 않는 것이요

열 번째는 선정이 감소하지 않는 것이요

열한 번째는 지혜가 감소하지 않는 것이요

열두 번째는 해탈이 감소하지 않는 것이요

열세 번째는 신업의 지혜가 선도하여 지혜를 따라 유전하는 것이요

열네 번째는 어업의 지혜가 선도하여 지혜를 따라 유전하는 것이요

열다섯 번째는 의업의 지혜가 선도하여 지혜를 따라 유전하는 것이요

열여섯 번째는 과거를 알아 집착도 없고 걸림도 없는 것이요

열일곱 번째는 미래를 알아 집착도 없고 걸림도 없는 것이요

열여덟 번째는 현재를 알아 집착도 없고 걸림도 없는 것이니

널리 설한 것은 별장別章과 같다.

지금에는 열 구절로써 십팔불공법을 모두 섭수하였으니,

말하자면 처음에 두 구절은 곧 처음에 세 가지[57] 불공법이니

삼업이 허물과 해침이 없음을 인유한 까닭이요

다음에 두 구절은 곧 다음에 세 가지 불공법이니

생각과 선정과 지혜가 있음을 인유한 까닭으로 가히 훼손하거나

무너뜨릴 수 없기에 그런 까닭으로 세 가지를 다 무無라고 말한

것[58]이요

---

57 원문 初三 아래에 一由의 一 자는 衍이다.

다섯 번째와 여섯 번째 구절은 곧 일곱 번째와 여덟 번째와 아홉 번째의 불공법이요

일곱 번째 구절은 곧 선정과 지혜와 해탈이니

이 세 가지 불공법이 감소하지 않기에 그런 까닭으로 수승하다 이름한 것이요

여덟 번째와 아홉 번째 구절은 곧 뒤에 세 가지 불공법이니

삼세의 집착도 없고 걸림도 없기에 그런 까닭으로 말하기를 청정하여 물들지 않는다고 한 것이요

열 번째 구절은 곧 열세 번째와 열네 번째와 열다섯 번째 불공법이니 지혜가 선도하여 지혜를 따라 유전하는 것이다.

그런 까닭으로 소문에 말하기를 영원히 허물이 없는 등은 오직 부처님의 불공뿐이라 하였거니와 지금에는 부분 부분을 잡았기에 그런 까닭으로 뒤의 원인에도 통한다 하였다.

疏

又後九中에 不隨於瞋故로 不害요 不隨於慢故로 不可毀요 不隨惡見故로 不壞敗요 不隨於疑故로 不退動하고 恒修勝行이요 不隨於貪故로 淸淨無染이요 不隨於癡故로 智爲先導하야 所作稱眞이니 如是等業을 云何而得고

---

58 원문에 삼개운무三皆云無란, 세 가지만 무無라 한 것이 아니라 십이十二까지 다 무無라 하였다.

또 뒤에 아홉 구절 가운데 성냄(瞋)[59]을 따르지 않는 까닭으로 해치지 않는 것이요

교만(慢)[60]을 따르지 않는 까닭으로 가히 훼손할 수 없는 것이요

나쁜 소견(惡見)[61]을 따르지 않는 까닭으로 무너져 패하지 않는 것이요

의심(疑)을 따르지 않는 까닭으로 퇴전하거나 동요하지 않고 항상 수승한 행(業)[62]을 닦는 것이요

탐욕(貪)을 따르지 않는 까닭으로 청정하고 물들지 않는 것이요[63]

어리석음(癡)을 따르지 않는 까닭으로 지혜가 선도하여[64] 작위하는 바가 진여에 칭합하는 것이니 이와 같은 등의 업을 어떻게 얻겠는가.

鈔

三은 當句對惑釋이라 以破六根本惑하야 成斯九句니 疑攝三句하고 貪攝於二하고 餘四各一故 六攝九니라

세 번째는 당구當句에 근본혹을 상대[65]하여 해석한 것이다.

---

59 성냄(瞋)은 제이구第二句이다.

60 교만(慢)은 제삼구第三句이다.

61 나쁜 소견(惡見)은 제사구第四句이다.

62 퇴전은 제오구第五句이고, 동요는 제육구第六句이고, 수승한 행은 제칠구第七句이다.

63 청정은 제팔구第八句이고, 물들지 않는 것은 제구구第九句이다.

64 지혜가 선도하는 것은 제십구第十句이다.

여섯 가지 근본혹을 깨뜨려 이 아홉 구절[66]을 성립한 것이니
의심(疑)은 세 구절을 섭수[67]하였고, 탐욕(貪)은 두 구절을 섭수[68]하
였고, 나머지 네 구절은 각각 한 구절씩을 섭수하였기에 그런 까닭으
로 여섯 가지 근본혹이 아홉 구절을 섭수한 것이다.

---

65 원문에 대혹對惑이란, 六根本惑이니 貪, 瞋, 痴, 慢, 疑, 惡見이다.

66 十句의 十 자는 九 자의 잘못이다.

67 원문에 섭삼구攝三句란, 第五에 불퇴전不退轉과 第六에 불가동不可動과 第七에
수승殊勝이다.

68 원문에 섭어이攝於二란, 第八에 청정淸淨과 第九에 무염無染이다.

經

云何得生處具足하며 種族具足하며 家具足하며 色具足하며 相
具足하며 念具足하며 慧具足하며 行具足하며 無畏具足하며 覺悟
具足하며

어떻게 태어난 곳이 구족하며 종족이 구족하며
가문이 구족하며 색신이 구족하며
모습이 구족하며 생각이 구족하며[69]
지혜가 구족하며 행이 구족하며
두려움이 없는 것이 구족하며 깨달음이 구족함을 얻으며

疏

後十段은 別明이라 於中에 初一은 異熟果요 次四는 士用果요 次二
는 離繫果요 次一은 增上果요 後二는 等流果라 今初는 卽修道之
器니 以菩薩起修行時에 要具此十하야사 方成二利之行이라

뒤에 십단은 따로 밝힌 것이다.
그 가운데
처음에 일단은 이숙과異熟果요[70]

---

69 생각이 구족하다고 한 등은 이 아래 다섯 구절은 비록 이숙과의 자체는
  아니지만 이숙과를 얻음을 인유하여야 이 이숙과의 분상에 이 공능이 있는
  까닭으로 모두 과목하여 이숙과라 말한 것이다. 역시 『잡화기』의 말이다.

다음에 사단은 사용과士用果⁷¹요

다음에 이단은 이계과離繫果⁷²요

다음에 일단은 증상과增上果요

뒤에 이단은 등류과等流果이다.

지금은 처음으로 곧 수도의 그릇이니

보살이 수행을 일으킬 때 반드시 이 십단을 갖추어야 바야흐로

자리이타의 두 가지 행을 성취하는 것이다.

鈔

初一異熟果者는 俱舍顯相頌云호대 異熟無記法은 有情有記生하고
等流似自因하고 離繫由慧盡이라 若因彼力生인댄 是果名士用이요
除前有爲法한 有爲增上果라하니라 釋曰初二句는 異熟果相이니 但
是無覆無記라 不通非情이요 從善惡感일새 名有記生이라 次句는 等
流果相이니 似於同類하야 遍行自因이라 次句는 離繫果相이니 由慧
盡者는 慧則擇也요 盡則滅也니 謂此擇滅이 離繫所顯일새 故將擇滅
하야 釋離繫果니라 次二句는 士用果相이니 若法因彼勢力所生인댄
如因下地加行心力하야 上地有漏無漏定生하며 及因淸淨靜慮心
力하야 生得變化無記心等離繫를 名爲不生인달하야 士用爲因하야

---

70 이숙과 등 오과五果의 해석은 대법수 21권, 15장을 볼 것이다.

71 사용과士用果란, 공부工夫의 작용作用으로써 사람의 노력에 의依하여 사업事業
   을 성공成功하는 것과 같이 상응인相應因과 구유인俱有因의 작용作用에 의하여
   얻는 결과結果를 말한다.

72 이계과離繫果는 택멸무위擇滅無爲이다. 초문鈔文에 잘 나타나 있다.

道力證得일새 亦得士用果名이라 後二句는 增上果相이니 有爲法生에 餘法不障일새 是增上果니라 故唯有爲는 除前已生有爲之法하나니 謂果望因하야 或俱或後나 必無前果後因일새 故云除也라하니 除此前外에 餘諸有爲를 爲增上果니라 論云 增上之果라하니 問이라 士用增上의 二果何殊고 答이라 士用果名은 唯對作者요 增上果稱은 通對所餘니 如匠所成이 對能成匠하야는 俱得士用과 增上果名거니와 對餘非匠하야는 唯增上果인달하야 非匠不造일새 故非士用이라하니라

처음에 일단은 이숙과라고 한 것은『구사론』에 오가의 모습을 나타내는 게송⁷³에 말하기를⁷⁴

---

73 원문에 구사현상송俱舍顯相頌이란, 여기 초문鈔文의 끝(末)에 말하기를 六種因으로 成斯五果라 하였으니, 말하자면 一에 能作因은 增上果와 離繫果를 이루고, 二에 俱有因과 三에 相應因은 士用果를 이루고, 四에 同類因과 五에 徧行因은 等流果를 이루고, 六에 異熟因은 異熟果를 이룬다는 것이다. 오인五因으로 오과五果의 상상相을 나타내는 것은 지금에 요망要望하는 바가 아니기에 기록記錄하지 않는다.

74 『구사론』에 오가의 모습을 나타내는 게송이라 한 등은『잡화기』에『구사론』의 전문을 장황하게 인용하였기에 전후로 요약하여 그 뜻만 현시하겠다. 『구사론』에 말하기를 원인이 여섯 가지가 있나니 어떤 등이 여섯 가지가 되는가. 게송에 말하기를 능작인과 더불어 구유인과 / 동류인과 그리고 상응인과 / 변행인과 겸하여 이숙인이니 / 원인이 오직 여섯 가지뿐임을 허락한다 하니, 장행문에 해석하여 말하기를 첫 번째 능작인은 운운하고, 두 번째 구유인은 운운하고, 세 번째 동류인은 운운하고, 네 번째 상응인은 운운하고, 다섯 번째 변행인은 운운하고, 여섯 번째 이숙인은 운운하고,

이숙의 무기법無記法⁷⁵은
유정의 유기법有記法으로 생기하고
등류과는 자인自因과 같고
이계과는 지혜로 다함을 인유한 것이다.

만약 저 이숙의 힘을 인하여 생기한다면
이 과果는 이름이 사용과⁷⁶요
앞에 유위법을 제외한
유위는 증상과다 하였다.
해석하여 말하면 처음에 두 구절은 이숙과의 모습이니

이숙인을 인유하여 이숙과를 감득하고, 능작인을 인유하여 증상과를 감득하고, 동류인과 변행인을 인유하여 등류과를 감득하고, 그 구유인과 상응인을 인유하여 사용과를 감득한다 하고, 이계과의 한 가지는 『구사론』의 원인에 배대한 것이 없지만 그러나 차전次前의 논에 말하기를 모든 무간도가 이계과로 더불어 능작인이 된다 하였으니 운운하여 그러한즉 이계과는 저 능작인 가운데서 감득하는 바라고 『잡화기』는 말하고 있다.

75 무기無記란, 유부무기有覆無記와 무부무기無覆無記가 있다.
유부무기는 육六·칠식七識의 작용으로 내가 말함에 다른 사람에게 화가 되는 것이고, 무부무기는 팔식八識의 작용으로 내가 말함에 다른 사람에게 상관이 없는 것이다.

76 사용과士用果란, 士大夫의 作用이니 士農工商을 모두 다 士夫라 말하는 것으로 士의 一만 말하는 것이 아니다.
즉 四民이 다 작용이 있어서 능히 그 果를 얻는 것이다.
이 士用果는 비유를 잡아 밝힌 것이고, 나머지 四果는 法을 잡아 밝힌 것이니 가히 알 수 있을 것이다. 이상은 다 『유망기』의 말이다.

다만 이것은 무부무기無覆無記일 뿐 비정非情에 통하는 것이 아니요.[77]

선악을 좇아 감득하기에 유기법[78]으로 생기한다고 이름한 것이다.

다음 구절은 등류과[79]의 모습이니

동류와 흡사한 것으로 두루 행하는 자체의 원인이다.

다음 구절은 이계과[80]의 모습이니

지혜로 다함을 인유한다고 한 것은 지혜(慧)는 곧 택擇의 뜻이요, 다함(盡)은 곧 멸滅의 뜻이니

말하자면 이 택멸[81]이 이계과의 나타난 바이기에 그런 까닭으로 택멸을 가져 이계과를 해석한 것이다.

---

77 비정에 통하지 않는다고 한 등은 이것도 또한 저 『구사론』 문이니, 먼저 물어 말하기를 이 이숙과가 비정의 수數에 통하는가, 오직 유정에만 국한하는가 하기에 그런 까닭으로 여기에 답하여 말하기를 다만 이것은 무부무기일 뿐 비정에 통하는 것이 아니다 운운하였다. 이상은 『잡화기』의 말이다. 『유망기』에 말하기를 비정에 통하지 않는다고 한 것은 위에 유정을 해석한 것이다. 비정의 물物은 선과 악과 유부무기를 좇아 생기하는 것이 아니기에 그런 까닭으로 이숙과가 되지 않는다. 만약 선과 악과 유부무기를 좇아 생기한다면 곧 이숙과가 되는 것이다. 비정은 무정을 말한다. 이숙과에 세 가지 뜻이 있는 것은 『회현기』 25권 6장, 하 1행 등과 같나니 가히 알 수 있을 것이다 하였다.

78 유기라고 한 것은 선악의 유루이니 능히 이숙과를 기약하는 까닭이다.

79 등류과란, 논에 과보가 원인과 흡사한 까닭이라 하겠다.

80 이계과란, 논의 말도 지금 초문과 같다.

81 택멸은 여섯 가지 무위의 하나이니, 여섯 가지 무위는 허공과 택멸과 비택멸과 부동과 상수멸과 진여무위이다.

다음에 두 구절은 사용과[82]의 모습이니

만약 과법이 저 도의 세력을 인하여 소생한다면 하지下地의 가행[83]심
력加行心力을 인하여 상지上地[84]의 유루정과 무루정이 생기며
그리고 청정한 정려심력靜慮心力을 인하여[85] 변화무기심變化無記心

---

82 사용과라고 한 것은 『구사론』에 말하기를 사체士體를 넘어 따로 사용士用이
   있는 것이 아니니, 곧 여기에서 얻는 바를 사용과라 이름하는 것이다. 이
   사용은 무슨 법을 원인하는가. 곧 스스로 모든 법에 있는 바 작용하는 원인이
   사용士用과 같은 까닭으로 사용이라는 이름을 얻는 것이다 하였으니, 해석하
   여 말하면 이것은 비유에 나아가 이름을 얻은 것이니, 사용이라고 한 것은
   사부士夫의 소용所用이니 곧 사민四民을 모두 지목한 것이다. 말하자면 저
   세간의 모든 법에 한 가지 의지함을 따라 사부의 작용을 일으키는 것이
   마치 농農, 공工, 상商, 매매賣, 서書, 산算, 계計, 수數 등 그 일의 세력을 인용하여
   심고 거두고 재물이 되고 이익이 되는 등의 과보를 이루어 갖추는 것과
   같다. 그러한즉 법을 잡는다면 수행할 바를 상대하여 행하는 세력을 인유하여
   불과를 성취한다는 뜻이라 하겠다. 이상은 다 『잡화기』의 말이다.
83 하지下地의 가행이란, 곧 이 욕계에 수선修善이 동요하지 않는 등의 가행加行을
   말한다. 하지下地는 욕계이다.
84 상지上地라고 한 것은 곧 위의 두 세계인 색계와 무색계이다. 그곳에서 수행한
   원인이 같지 않는 바가 있는 까닭으로 혹 유루정의 과보를 얻나니 범부와
   외도와 같은 것이요, 혹은 무루정의 과보를 얻나니 이승 등과 같은 것이다.
   다 『잡화기』의 말이다.
85 그리고 청정한 정려심력靜慮心力을 인하여 운운한 것은 이것은 위의 두 세계에
   있어서 선정을 닦아 얻은 바 과보가 이 무기심 등이라는 것이다. 그러나
   『구사론』 문에는 생生 자가 변화라는 글자 아래에 있나니, 즉 저 『구사론』에
   말하기를 그리고 청정한 정려심의 힘을 인하여 변화심이 생긴다(及因淸淨靜
   慮心하야 變化心生이라) 하였거늘, 초주가 하여금 쉽게 보게 하고자 한 까닭으로
   생生 자를 옮겨서 벽두에 두고 또 무기無記라는 말까지 더하였으니 변화무기는

이 생기함을 얻는 등 이계과를 이름하여 불생不生이라 하는[86] 것과 같아서 사용士用이 원인이 되어 도력道力으로 증득하기에 또한 사용 과라는 이름을 얻는 것이다.

뒤에 두 구절은 증상과의 모습이니
유위법이 생겨남[87]에 나머지 법이 장애하지 못하기에 이것을 증상과 라 하는 것이다.

곧 네 가지 무기 가운데 하나이다. 차전次前의 논에 말하기를 무부무기에 모두 네 가지가 있나니 말하자면 이숙생무기와 위의로威儀路무기와 공교처工 巧處무기와 변화심무기라 하였으니, 지금에 변화심무기 등이라 한 등等 자를 두어 변화심무기 밖에 나머지 세 가지 무기를 등취한 것이다. 역시 『잡화기』의 말이다.

86 원문에 離繫를 名爲不生 운운은, 위에서는 心力을 인하여 士用果가 생기한다 하였으나, 지금에 離繫果를 不生이라 이름하는 까닭으로 생기한다 말할 수 없고, 응당 士用이 원인이 되어 道力으로 증득한다 해야 할 것이다. 離繫는 도리어 士用이 원인이 되는 까닭으로 또한 士用果라는 이름을 얻는 것이다. 『잡화기』에 이계과 운운은 이계과가 사용과로써 원인이 되는 뜻을 해석한 것이니, 그 뜻에 말하기를 이 이계과를 이름하여 불생이라 하지만 안으로 사용의 세력이 원인 가운데 도력이 되어 증득하기에 그런 까닭으로 이 이계과를 또한 사용과라 이름함을 얻는 것이니, 그런 까닭으로 아래 소문에 말하기를 육바라밀, 사섭 등을 수행한즉 사용이고 만족한즉 이계라 한다 하였다. 동자권 15장, 하 4행이고, 영인본 화엄은 5책, p.160, 4행이다.

87 원문에 유위법생有爲法生이란, 유위법有爲法이 자체自體가 생기할 때에 나머지 일체유위법一切有爲法이 장애하지 못하는 까닭으로 증상과增上果라 이름하는 것이니, 마치 안식眼識이 생기할 때 안근眼根이 장애하지 못하는 까닭으로 안식眼識이 증장增長하는 것과 같은 것이다.

그런 까닭으로 오직 유위법만[88]은 앞에 이미 생기한 유위법을 제외하
나니[89]

말하자면 과果가 원인을 바라보아 혹 함께 하기도 하고 혹 뒤에
하기도 하지만 반드시 과가 앞에 하고 원인이 뒤에 한다는 것이
없기에 그런 까닭으로 말하기를 제외한다 하였으니,

이 앞에 유위법을 제외한 나머지 모든 유위법을 증상과라 말하는
것이다.

『구사론』에 말하기를 증상의 과[90]라 하였으니

---

88 오직 유위법만이라고 한 것은 무위법을 가리는 것이니,『구사론』에 말하기를
　무위는 증상과가 없거니 어떻게 가히 능작인能作因이 된다고 말하겠는가
　하였다.

89 앞에 이미 생기한 유위법은 제외한다고 한 등은 이것은 유위법 가운데 이미
　생기한 것을 가리는 것이니, 대저 증상과라고 말한 것은 그 뜻에 말하기를
　저 나머지 법의 증상인연을 인유하여 이 증상과를 생성하는 것이니 곧 이것은
　원인이 먼저이고 과보가 뒤이거나, 혹은 원인과 과보가 함께이거늘 저 이미
　생기한 법인즉 이미 과보를 이루어 마쳤기에 금시에 있어서는 이 법의 증상연
　으로 저 과보가 이루어짐을 얻는다고 말하는 것은 불가한 것이다. 만약
　이와 같다고 한다면 곧 이것은 과보가 먼저이고 원인이 뒤인 까닭이다.
　마치 지금의 당사堂舍가 전시前時에 있어서는 비록 장인匠人 등의 증상연을
　의지하여 이루어짐을 얻었다 할 수 있지만, 금시今時에 있어서는 금시의
　사람이 저 증상연이 된다고 말하는 것은 불가한 것이다. 그렇다면 곧 이
　당사堂舍 등이 금시의 사람을 상대하여서는 증상과라 할 수 없는 것이 분명하
　나니 그 법이 이미 생기한 까닭이다. 이상은 다『잡화기』의 말이나 현재
　초문을 자세히 바라보는 것이 더 이해가 쉽다 하겠다.

90 증상의 과는 의주석이고, 증상과는 증상이 곧 과이니 지업석이다.

묻겠다.

사용과와 증상과의 이 두 가지 과果가 어떻게 다른가.[91]

답하겠다.

사용과라는 이름은 오직 능작자能作者만을 상대한 것이요

증상과라는 이름은 모두 소여자所餘者를 상대한 것이니

마치 장인이 만들 바가 능히 만드는 장인[92]을 상대해서는 함께 사용과

증상과라는 이름을 얻거니와 나머지 비장인非匠人을 상대해서는

오직 증상과라고만 이름하는 것과 같아서, 장인이 아니면 만들

수 없기에 그런 까닭으로 사용과가 아니다 하였다.

瑜伽三十八云호대 習不善故로 樂住不善等이 爲等流果며 或似先
業하야 後果隨轉이라하니라 釋曰此有二義하야 釋於等流니 後義는
果似於因이니 卽俱舍意로 如殺生因等으로 得短壽果요 前義는 卽於
後果之上에 行因似因이니 如前世殺生하야 今亦好殺等이라 瑜伽又
云호대 以道滅惑이 名離繫果며 四人工等事가 由此하야 成辦稼穡財
利等果가 爲士用果며 若眼識等이 是眼根等의 增上果요 身分不壞가

---

91 묻겠다. 사용과 운운은 또한 저 『구사론』 문이니, 묻는 뜻에 말하기를 사용과가
세력이 원인이 되어 생기는 것과 증상과가 증상으로 더불어 원인이 되어
생기는 것으로 더불어 어떻게 다른가. 답하여 말하기를 통하고 국한하는
것이 다름이 있나니 사용과는 곧 오직 친히 짓는 자(능작자能作者)만을 상대하
여 말한 것이고, 증상과는 곧 我에 장애를 생기지 않는 자(소작자所作者)를
상대하여 말한 것이니 반드시 친히 짓는 자는 아니다 하였다. 이상은 다
『잡화기』의 말이다.

92 원문에 능성장能成匠은 지업석持業釋이고, 여비장餘非匠은 의주석依主釋이다.

是命根의 增上果라 二十二根이 各起自增上果니 當知一切가 名增
上果라하니 餘例可知니라 然上所引俱舍는 卽是根品이니 彼論엔 以
六種因으로 成斯五果어니와 非今所要니라

『유가론』 삼십팔권[93]에 말하기를 불선법을 닦은 까닭으로 불선법에
머물기를 좋아한다는 등이 등류과가 되며 혹 선업先業과 같아서
후과後果가 따라 유전한다 하였다.
해석하여 말하면 이것은 두 가지 뜻이[94] 있어서 등류과를 해석한
것이니
뒤에 뜻은 과보가 원인과 같나니
곧 『구사론』의 뜻으로서 살생하는 원인 등으로 단명의 과보를 얻는
것과 같고
앞에 뜻은 곧 뒤의 과보(後果) 상에서 행하는 원인이 원인과 같나니
전생에 살생하여 금생에도 또한 살생하기를 좋아하는 등과 같다.
『유가론』에 또 말하기를 팔정도로써 번뇌를 소멸하는[95] 것이 이름이
이계과가 되며

---

93 『유가론』삼십팔권이라고 한 등은 본론을 점검한즉 곧 신집新集 등 십인十因으
로써 이 오과五果를 이루는 것이니, 대의는 지금 초문에 인용한 바는 설출된
것이 없다. 이상은 『잡화기』의 말이다.
94 두 가지 뜻이란, 一은 불선법을 닦는 것이고 二는 선업과 같이 후과가 유전하는
것이다.
95 원문에 이도멸혹以道滅惑이란, 彼論云호대 以八正道로 滅煩惱 云云이라하니,
즉 저 논에 말하기를 팔정도로써 번뇌를 소멸하는 것이 운운하였다는 것이다.

네 사람이 공력을 기울인 등 일⁹⁶이 이것을 인유하여 심고 거두고
재물이 되고 이익이 되는⁹⁷ 등의 과보를 이루어 갖추는 것이 사용과가
되며

안식眼識과 같은 등이 이 안근眼根 등의 증상과가 되고, 신분身分을
무너뜨리지 않는 것이 이 명근命根의 증상과가 되는 것이다.

이십이근二十二根⁹⁸이 각각 자기의 증상과를 생기하나니

마땅히 알아라. 일체가 이름이 증상과다 하였으니

나머지는 여기에 비례하면 가히 알 수가 있을 것이다.⁹⁹

그러나 위에서 인용한 바 『구사론』은 곧 근품根品이니

저 『구사론』에는 여섯 가지 인연¹⁰⁰으로써 이 오과五果를 성취하였거

---

96 원문에 사인공등사四人工等事란, 四人은 사농공상士農工商이다. 말하자면 士
는 서산書算·점상占相·복술卜術 등을 담당하고, 農은 농작農作하고, 工은
공작工作하고, 商은 상매商賣하는 것이다. 工等이란 『잡화기』에 곧 그 사람이
하는 사업이니 나머지 세 가지를 등취한 것이다 하였다.

97 원문에 가색稼穡은 農의 과果요, 재리財利는 나머지 三人의 과果이다. 이등리等
의 等 자는 內等이다. 또 혹 財利는 工·商의 果요, 等은 士의 명문名聞의
果를 등취等取한 것이다.

『잡화기』에는 심고 거둔다고 한 등은 다만 농·상의 두 사람이 얻은 바만
거론하여 나머지 두 사람의 얻은 바를 등취한 것이다 하였다.

98 이십이근二十二根이란, 육근六根, 남근男根, 여근女根, 명근命根, 오수근五受根,
오선근五善根, 삼무루근三無漏根이다. 근根은 최승最勝·자재自在·증상增上의
뜻으로 작용이 우수한 것을 말한다. 금자권金字卷 하권, 初10장 上에 있다.

99 나머지는 여기에 비례하면 가히 알 수가 있을 것이다 한 것은 차상次上의
일체가 이름이 증상과라 말한 것을 해석한 것이니, 위에 안眼 등 의식에
비례한다면 곧 가히 알 수 있는 까닭이다. 이상은 『잡화기』의 말이다.

니와 지금에 요망하는 바는 아니다.

疏

瑜伽具釋호대 一은 常生中國의 有佛法處요 二는 種族尊貴하야
非下賤等이요 三은 生信向三寶하야 修善之家하고 非外道等家요
四는 形色端嚴하고 非醜陋等이요 五는 具丈夫相하야 諸根不缺이
요 六은 正念不忘하고 亦宿念現前이요 七은 慧悟高明하야 善解世
法이요 八은 柔和調善하야 離過修行이요 九는 志力堅强일새 故無
怯弱이요 十은 性自開覺하야 不染世法이라

『유가론』에 갖추어 해석하기를 첫 번째는 항상 중국의 불법이 있는
곳에 태어나는 것이요
두 번째는 종족이 존귀하여 하천하지 않는 등이요
세 번째는 삼보를 믿고 향하여 선행을 닦는 집에 태어나고 외도
등의 집에 태어나지 않는 것이요
네 번째는 형색이 단엄하고 누추하지 않는 등이요
다섯 번째는 장부의 모습을 갖추어 제근諸根이 모자라지 않는 것이요
여섯 번째는 바른 생각이 없어지지 않고 또한 숙세의 생각이 앞에
나타나는 것이요
일곱 번째는 깨달은 지혜가 높고 밝아 세간의 법을 잘 아는 것이요

---

100 육인六因이란, 능작인能作因, 구유인俱有因, 동류인同類因, 변행인遍行因, 이숙
인異熟因, 상응인相應因이다..

여덟 번째는 부드럽고 온화하고 고르고 선하여 허물을 떠나 수행하
는 것이요

아홉 번째는 의지력이 견고하고 강하기에 그런 까닭으로 겁내고
약함이 없는 것이요

열 번째는 자성이 스스로 깨달아[101] 세간의 법에 물들지 않는 것이다.

鈔

瑜伽具釋者는 第六迴向初에 當廣釋之리라 卽有八種異熟거늘 今開
成十句하니 今生處具足은 總明이니 義當財位果요 二는 卽種族果요
三은 亦財位요 四는 卽大色果요 五는 人種性果니 非不男等이요 六은
信言果니 意由念具故요 七은 名譽果요 八은 義當壽命이니 離過修行
하면 無夭逝故요 九는 大力果요 十은 亦大力이니 智力覺悟故니라

『유가론』에 갖추어 해석하였다고 한 것은 제 여섯 번째 회향 초두[102]
에 마땅히 폭넓게 해석하겠다.

곧 여덟 가지 이숙[103]이 있거늘 지금에는 열어서 열 구절로 성립하였
으니

---

101 開는 '깨우칠 개' 자이다.

102 원문에 第六迴向初란, 영인본 화엄 제8책, p.10행에 있다.

103 여덟 가지 이숙이라고 한 것은 대법수 32권 11장을 볼 것이다. 대개 현생의
    소작所作이 이세異世의 그 과보를 성숙케 함을 원인한 것이지만, 다만 선업의
    이숙만 취한 까닭으로 여덟 가지 이숙을 구족한 것이다. 이상은 다 『잡화
    기』의 말이다.

지금에 생처구족은 한꺼번에 밝힌 것이니 뜻이 재위과財位果에 해당하고,

두 번째는 종족과에 해당하고,

세 번째는 또한 재위과에 해당하고,

네 번째는 대색과大色果[104]에 해당하고,

다섯 번째는 인종성과人種性果[105]에 해당하나니

남자가 아닌 것이 아닌 등이요

여섯 번째는 신언과信言果에 해당하나니

뜻이 생각이 구족함을 인유한 까닭이요

일곱 번째는 명예과名譽果에 해당하고

여덟 번째는 뜻이 수명과[106]에 해당하나니

허물을 떠나 수행하면 요절함이 없는 까닭이요

아홉 번째는 대력과大力果[107]에 해당하고

열 번째는 또한 대력과에 해당하나니

---

104 대색과大色果란, 대색신과大色身果이다. 『잡화기』에 말하기를 대색과라고
　　한 것은 논에 말하기를 형색이 단엄하여 사람들이 보기를 좋아하는 바라
　　한다 하였다.

105 다섯 번째 인종성이라고 한 등은 논에 말하기를 보살이 대세大勢를 구족하고
　　대장부의 분위를 갖추어 남근을 성취하니, 지금에 종성이라고 말한 것은
　　이 남근이 있음을 인유하여야 장부의 근根을 얻는 까닭이다. 이상은 『잡화
　　기』의 말이다.

106 수명이라 한 아래에 과果 자가 빠졌다.

107 대력大力이라고 한 것은 논에 말하기를 병이 없어야 감당하는 능력이 있다
　　하였다.

지혜의 힘으로 깨닫는 까닭이다.

疏

又無畏者는 依智度論인댄 菩薩이 有四種無畏하니 一은 總持無畏
니 於法記持하야 不懼忘失이요 二는 知根無畏니 知根授法하야
不懼差失이요 三은 決疑無畏니 隨問能答하야 不懼不堪이요 四는
答難無畏니 有難皆通하야 不懼疑滯라하니 今並皆得일새 故云具
足이라하니라

또 두려움이 없다고 한 것은 『지도론』을 의지한다면 보살이 네
가지 두려움이 없는 것이 있나니
첫 번째는 총지가 두려움이 없는 것이니
법을 기억해 가져 잊음을 두려워하지 않는 것이요
두 번째는 근기를 아는 것이 두려움이 없는 것이니
근기를 알아 법을 주어 차실差失을 두려워하지 않는 것이요
세 번째는 결정한 의심이 두려움이 없는 것이니
질문을 따라 능히 답하여 감당하지 못함을 두려워하지 않는 것이요
네 번째는 비난함에 답함이 두려움이 없는 것이니
어떤 사람이 비난함에 다 통석하여 의문에 막힘을 두려워하지 않는
것이다 하였으니,
지금에는 아울러 다 얻었기에 그런 까닭으로 말하기를 구족이라
하였다.

鈔

無畏下는 隨難重釋이라

두려움이 없다고 한 아래는 비난함을 따라 거듭 해석한 것이다.

疏

又此十事를 若約法者인댄 生在佛家가 是生處具足等이니 思之니라 又具足者는 唯佛一人云云하니라

또 이 열 가지 사실을 만약 법을 잡는다면 태어나 불가佛家에 있는 것이 이것이 태어난 곳이 구족하다고 한 등이니 생각해 볼 것이다.

또 구족이라고 한 것은 오직 부처님 일인一人만이 운운하였다.

鈔

又此十事下는 約法인댄 生在佛家者는 菩提心家故라 等者는 等於餘句니 謂二에 種族은 卽具佛種性이니 謂自性住性과 習所成等이라 三에 明家는 卽眞如爲家며 亦四家故니 四家는 如七地라 四에 明見佛性이 如見色故니 涅槃云호대 佛性有二하니 一은 色이요 二는 非色이라 하니 如來所見으로 爲色故라 五에 相은 謂有悲智等으로 爲菩薩相故라 餘之五句는 經自約法이니 可知라 又具足下는 重釋具足之言이니

上約橫具爲具足이요 今約竪說之니라

또 이 열 가지 사실이라고 한 아래는 법을 잡는다면 태어나 불가에
있다고 한 것은 보리심가家인 까닭이다.
등等[108]이라고 한 것은 나머지 구절을 등취한 것이니,
말하자면 두 번째 종족은 곧 불종성을 구족하였다는 것이니
말하자면 자성이 머문 성품과 습기로 이룬 바인 등이다.
세 번째 가문을 밝힌 것은 곧 진여로 가家를 삼으며 또한 사가四家[109]인
까닭이니
사가는 칠지에 말한 것과 같다.[110]
네 번째는 불성을 보는 것이 마치 색신을 보는 것과 같은 까닭임을
밝힌 것이니,
『열반경』에 말하기를 불성에 두 가지가[111] 있나니
첫 번째는 색성이요,

---

108 가고家故라 한 아래에 등자等者라는 두 글자가 있어야 한다. 나는 보증하여
번역하였다.
109 사가四家란, 반야가般若家·제가諦家·사번뇌가捨煩惱家·약청정가若淸淨
家이다.
110 사가는 칠지에 말한 것과 같다고 한 것은 주자권珠字卷 83장을 볼 것이다.
111 불성이 두 가지가 있다고 한 등은 그 뜻에 말하기를 여래를 상대하여서는
보는 바가 명료한 까닭으로 색성이라 말하고, 나머지 사람을 상대해서는
보는 바가 명료하지 못한 까닭으로 비색성이라 말하는 것이다 하였다.
역시 『잡화기』의 말이다. 비색성과 불성은 여자권餘字卷 하권 26장 하면을
볼 것이다.

두 번째는 비색성이다 하였으니
여래의 소견으로 색성을 삼는[112] 까닭이다.
다섯 번째 모습은 말하자면 자비와 지혜가 있는 등으로 보살의
모습을 삼는 까닭이다.
나머지 다섯 구절은[113] 경에 스스로 법을 잡은 것이니
가히 알 수가 있을 것이다.

또 구족이라고 한 아래는 거듭 구족이라는 말을 해석한 것이니
위에는 횡橫으로 구족[114]함을 잡아 구족을 삼은 것이요,
지금에는 수竪로 구족함을 잡아 그 구족을 설한[115] 것이다.

---

112 여래의 소견으로 색성을 삼는다고 한 것은 여래가 불성을 본 것이 분명하기가
색을 보는 것과 같다는 것이다.
113 나머지 다섯 구절이란, 염念·혜慧·행行·무외無畏·각오覺悟이다.
114 원문에 횡구橫具란, 일체보살一切菩薩이 다 십사十事를 구족하기도 하고
혹 구족하지 못하기도 하다는 것이다.
115 원문에 수설竪說이란, 오직 부처님만이 始終 十事를 구족한 까닭이라고
말하고 있다.
그러나 『잡화기』는 위에 횡으로 구족함을 잡았다고 한 것은 곧 인과에
통하고, 지금에 수로 구족함을 잡았다고 한 것은 곧 오직 과에만 국한한
것이다 하였다.

經

云何得勝慧와 第一慧와 最上慧와 最勝慧와 無量慧와 無數慧와
不思議慧와 無與等慧와 不可量慧와 不可說慧며

어떻게 수승한 지혜와 제일의 지혜와
최상의 지혜와 최승의 지혜와
무량한 지혜와 무수한 지혜와
부사의한 지혜와 더불어 같을 수 없는 지혜와
가히 사량할 수 없는 지혜와 가히 말할 수 없는 지혜를 얻으며

疏

第二에 十慧下四段은 明士用果라 於中에 一은 慧니 爲揀擇이요
二는 力이니 謂修習이요 三은 善巧니 謂智요 四는 道品助修니 悉以
三業으로 而得成就라 今初에 言慧者는 卽道之體라 十中一은 勝
世間故요 二는 過二乘故요 三은 揀權敎故요 四는 佛果超因故니
上四揀劣이라 餘六當體니 一은 無分量이요 二는 無若干이요 三은
超言念이요 四는 無等匹이요 五는 難比校요 六은 唯證相應이니
欲言其有나 無相無形하며 欲言其無나 聖以之靈하며 欲言俱者나
慧無二體며 欲言雙非나 非無詮顯일새 故不可說이라

제이단에 십혜 하에 사단四段은 사용과를 밝힌 것[116]이다.
그 가운데 첫 번째는 지혜이니 간택하는 것이요

두 번째는 힘이니 말하자면 수습하는 것이요

세 번째는 선교이니 말하자면 지혜요

네 번째는 도품道品이 수행을 돕는 것이니 다 삼업으로써 성취함을 얻는 것이다.

지금은 처음으로 지혜라고 말한 것은 곧 도의 자체이다.

이 열 구절 가운데 첫 번째는 수승한 세간인 까닭이요

두 번째는 이승을 지난 까닭이요

세 번째는 권교를 가리는 까닭이요

네 번째는 불과가 원인을 뛰어난 까닭이니,

위에 네 가지는 하열함을 가린 것이다.

나머지 여섯 구절은 자체에 해당하나니

첫 번째는 분량이 없는 것이요

두 번째는 약간約干도 없는 것이요

세 번째는 말과 생각을 뛰어난 것이요

네 번째는 같이 짝할 수 없는 것이요

다섯 번째는 비교하기 어려운 것이요

여섯 번째는 오직 증득한 사람이라야 상응하는 것이니,

있다고 말하고자 하지만 모습도 없고 형색도 없으며

없다고 말하고자 하지만 성인은 그것으로써 영감하며

---

116 사단四段은 사용과를 밝힌 것이라고 한 것은 현재 간택하고 수습하는 등의 세력을 인유하여 혜력 등을 이루어 갖추는 까닭이다. 역시 『잡화기』의 말이다.

함께 있다고 말하고자 하지만 지혜는 두 가지 몸이 없으며
함께 없다고 말하고자 하지만 설명하여 나타낸 것이 없지 않기에
그런 까닭으로 가히 말할 수 없는 것이다.

經

云何得因力과 欲力과 方便力과 緣力과 所緣力과 根力과 觀察力
과 奢摩他力과 毘鉢舍那力과 思惟力이며

어떻게 원인의 힘과 의욕의 힘과
방편의 힘과 조연의 힘과
반연하는 바 힘과 근根117의 힘과
관찰의 힘과 사마타의 힘과
비발사나의 힘과 사유의 힘을 얻으며

疏

第三에 力者는 卽具道因緣이라 皆言力者는 此十이 各有資道之
能故라 一에 因力者는 卽是種性이니 謂已有習種이 無倒聞熏하야
與性種合일새 故名爲因이라 梁攝論云호대 多聞熏習이 與阿賴耶
識中에 解性和合하나니 一切聖人이 以此爲因이라하며 無性攝論
云호대 此聞熏習이 雖是有漏나 而是出世의 心種子性이라하나니라

제삼단에 힘이라고 한 것은 곧 도의 인연을 갖추는 것이다.
다 힘이라고 말한 것은 이 열 가지가 각각 도를 돕는 공능이 있는
까닭이다.

---

117 근根이란, 오근등五根等이다.

첫 번째 원인의 힘이라고 한 것은 곧 이것은 종성種性이니[118] 말하자면 이미 훈습한 종자가 전도함이 없는 다문훈습多聞熏習이 있어서 성종性種으로 더불어 화합하기에 그런 까닭으로 이름을 원인 이라 하는 것이다.

『양섭론』에[119] 말하기를 다문훈습이 아뢰야식 가운데 아는 성품으로 더불어 화합하나니 일체 성인이 이것으로써 원인을 삼는다 하였으며 『무성섭론』에 말하기를 이 다문훈습이 비록 유루이지만 이것은 출세간 무루심의 종자성품이다 하였다.

鈔

即是種性者는 謂種性位니 由於習種하야 合於性種하야사 方名種性 也니라 性種은 即自性住性니 爲正因性이니 即是涅槃의 第一義空性 也니라 習은 即新熏修成之性이니 決於佛因일새 稱爲種性이라 引證 可知라 言無性攝論者는 即第八論에 釋因緣云호대 諸菩薩因緣은 有言聞熏習이니 是無分別智며 及如理作意라하니 釋論中云호대 因 即能作因緣義요 有言者는 大乘言音이요 聞謂聽聞이요 由此引功能 差別은 說名熏習이요 以此爲因하야 所生意言이 順理淸淨은 名如理 作意라하니라

---

118 종성種性 운운은 2종성의 해석은 성자권成字卷 23장 이하를 볼 것이다.
119 『양섭론』 운운은 성종性種과 습종習種을 함께 증거한 것이고, 바로 아래 『무성섭론』 운운은 습종만 단적으로 증거한 것이다. 『잡화기』도 이와 같이 말하였다.

곧 이것은 종성이라고 한 것은 말하자면 종성위이니
훈습한 종자를 이유하여 성종性種에 화합하여야 바야흐로 종성이라
이름하는 것이다.
성종이라고 한 것은 곧 자성이 머무는 성품이니
정인불성이 되는 것이니,
곧 이것은『열반경』에서 말하는 제일의공성이다.
훈습한 종자라고 한 것은 곧 신훈新薰으로 닦아 이룬 성품이니
결정코 부처가 되는 원인이기에 이름을 종성이라 하는 것이다.
이끌어 증거한 것은 가히 알 수가 있을 것이다.[120]

『무성섭론』이라고 말한 것은 곧 제팔론에 인연을 해석하여 말하기를
모든 보살의[121] 인연은
언言, 문聞, 훈습薰習이 있나니
이것이 무분별지혜이며
그리고 이치와 같이 뜻을 짓는다 하였으니
『석론』가운데 말하기를 인연이라고 한[122] 것은 곧 능히 짓는 인연의

---

120 원문에 인증가지引證可知란, 인력因力을, 즉『열반경涅槃經』을 이끌어 인력因
力이 즉시종성卽是種性이라고 인증引證하였다.
121 모든 보살이라 운운한 것은『섭론』의 게송이니 이 앞에 또한 게송이 있어
무분별지혜의 의지하는 바를 밝혔고, 여기 이 게송은 무분별지혜의 인연을
바로 밝힌 것이다. 즉유卽有라 한 즉卽 자는 본론엔 없다. 이본엔 이미
교정되어 없다. 다『잡화기』의 말이다.
122 『석론』가운데 말하기를 인연이라 한 등은 저『석론』가운데 말하기를
인연은 능연能緣으로 더불어 하나다 하였다. 지금에 비록 다만 인因 자만

뜻이요

말(言)이 있다고 한 것[123]은 대승의 말소리요

문門이라고 한 것은 말하자면 듣는다는 것이요,

이것을 인유하여[124] 공능의 차별을 이끌어 내는 것은 이름을 훈습이라 말하는 것이요,

이것이 원인이 되어[125] 생기할 바 뜻[126]과 말이 이치에 순하여 청정한 것은 이름을 이치와 같이 뜻을 짓는 것이다 하였다.

疏

二에 欲力者는 有勝欲樂하야 希大菩提하고 及起行故요 三에 方便者는 謂造修力이니 依六方便하야 成悲智故라 一은 慈悲顧戀이요 二는 了知諸行이요 三은 欣佛妙智요 四는 不捨生死요 五는 輪迴不染이요 六은 熾然精進이니 攝論廣說하니라

첩석하였으나 그 뜻은 인연에 통한다 하겠다. 다 『잡화기』의 말이다.

123 말이 있다고 한 것은 저 『석론』에 말하기를 저 대승의 언음言音이 있는 까닭으로 말이 있다 이름하는 것이다 하였다.

124 이것을 인유한다고 한 것은 들은 것을 가리키는 것이다.

125 이것이 원인이 된다고 한 것은 훈습을 가리킨 것이다.

126 생기할 바 뜻이라고 한 것은 후득지를 가리킨 것이니 무분별지혜를 말하지 아니한 것은 크게 생략되었을 뿐이다. 소문 가운데 인용한 바 말은 곧 여기에 이름을 이치와 같이 뜻을 짓는 것이라고 한 다음 문장이다. 소문에 인용한 것은 『섭론』 운운이다.

두 번째 의욕의 힘이라고 한 것은 수승한 욕락이 있어서 대보리를
희망하고 그리고 수행을 일으키는 까닭이요
세 번째 방편의 힘이라고 한 것은 말하자면 나아가 수행하는 힘이니
여섯 가지 방편을 의지하여 자비와 지혜를 이루는 까닭이다.
첫 번째는 자비로 돌아보고 어여삐 여기는 것이요
두 번째는 모든 행을 요달하여 아는 것이요
세 번째는 부처님의 묘한 지혜를 좋아하는 것이요
네 번째는 생사를 버리지 않는 것이요
다섯 번째는 윤회하지만 물들지 않는 것이요
여섯 번째는 치연하게 정진하는 것이니
『섭론』에 폭넓게 설하였다.

鈔

攝論廣說者는 卽第七論이라 瑜伽四十五엔 明內外各有六方便하니
此卽內六이라

『섭론』에 폭넓게 설하였다고 한 것은 곧 『섭론』 제칠론이다.
『유가론』 사십오권에는 안과 밖에 각각 여섯 가지 방편이 있다고
밝혔으니
이것은 곧 안의 여섯 가지 방편이다.

疏

四에 緣力은 謂善友勸發이요 五에 所緣力은 卽所觀察의 悲智之
境이요 六에 根은 謂信等이요 七에 觀察者는 謂於自他와 事理藥病
을 善揀擇故라

네 번째 조연의 힘이라고 한 것은 말하자면 선지식이 발심하기를
권한 것이요
다섯 번째 반연할 바 힘이라고 한 것은 관찰할 바 자비와 지혜의
경계요
여섯 번째 근根의 힘이라고 한 것은 말하자면 신信, 진進 등이요
일곱 번째 관찰의 힘이라고 한 것은 말하자면 자기와 다른 사람과
사실과 진리와 약과 병을 잘 간택하는 까닭이다.

疏

八에 奢摩他는 此云止也요 九에 毘鉢舍那는 此云觀也라 瑜伽起
信等論과 深密涅槃等經에 廣辨其相하니 具如別章거니와 今略顯
其相하야 以爲十門하리라 一은 心行稱理하야 攝散名止요 二는
止不滯寂하야 不礙觀事요 三은 由理事交徹하야 而必俱일새 遂使
止觀으로 無礙而雙運이요 四는 理事形奪하야 而俱盡일새 故止觀
兩亡하야 而絶寄요 五는 絶理事無礙之境이 與泯止觀無礙之心
으로 二而不二일새 故不礙心境而一味며 不二而二일새 故不壞一

味하고 而心境兩殊요 六은 由卽理之事가 收一切法일새 故卽止之
觀도 亦見一切요 七은 由此事卽是彼事일새 故令止觀으로 見此心
卽是彼心이요 八은 由前中六은 則一多相入이나 而非一이요 七은
則一多相是나 而非異니 此二不二하야 同一法界일새 止觀無二
之智로 頓見卽入二門이 同一法界라 而無散動이요 九는 由事則
重重無盡일새 止觀도 亦普眼齊照요 十은 卽此普門之智가 爲主일
새 故頓照普門法界時에 必攝一切爲伴하야 無盡無盡하나니 是此
華嚴의 所求止觀이라

여덟 번째 사마타의 힘이라고 한 것은 여기에서 말하면 지止요
아홉 번째 비발사나의 힘이라고 한 것은 여기에서 말하면 관觀이다.
『유가론』과 『기신론』 등의 논과 『해심밀경』과 『열반경』 등의 경에
폭넓게 그 모습을 분별하였으니 갖추어 말한 것은 별장別章과 같거니
와, 지금에는 간략하게 그 모습을 나타내어 십문으로 하겠다.
첫 번째는 심행心行이 진리에 칭합하여 산란함을 섭수하는 것이
이름이 지止요
두 번째는 지止가 적寂에 막히지 아니하여 사실을 관찰함에 걸리지
않는 것이요
세 번째는 이理·사事가 서로 사무쳐 반드시 함께함을 인유하기에
드디어 지止·관觀으로 하여금 걸림이 없어서 함께 운행케 하는 것
이요
네 번째는 이理·사事가 모습을 잃어 함께 다하기에 그런 까닭으로
지止·관觀이 둘 다 없어져 의지함을 끊은 것이요

다섯 번째는 이理·사事가 끊어진 걸림 없는 경계가 지止·관觀이 없어진 걸림 없는 마음으로 더불어 들이지만 들이 아니기에 그런 까닭으로 마음과 경계가 걸리지 않고 한맛이며, 들이 아니지만 들이기에 그런 까닭으로 한맛을 무너뜨리지 않고 마음과 경계가 들이 다른 것이요

여섯 번째는 이理에 즉한 사事가 일체법을 거듭을 인유하기에 그런 까닭으로 지止에 즉한 관觀도 또한 일체를 보는 것이요

일곱 번째는 이 사실(事)이 저 사실(事)의 즉함을 인유하기에 그런 까닭으로 지止·관觀으로 하여금 이 마음이 저 마음에 즉함을 보게 하는 것이요

여덟 번째는 앞 중에 여섯 번째는 곧 일一과 다多가 서로 들어가지만 일一이 아니요

일곱 번째는 곧 일一과 다多가 서로 즉(卽是)[127]하지만 이異가 아니니 이 들이 들이 아니어서 동일한 법계이기에 지止와 관觀이 들이 없는 지혜로 문득 상즉相卽과 상입相入의 두 가지 문門이 동일한 법계라 산란하고 동요함이 없음을 보는 것이요

아홉 번째는 사실(事)이 곧 중중으로 끝이 없음을 인유하기에 지·관도 또한 넓은 눈으로 똑같이 비추는 것이요

열 번째는 곧 이 보문普門의 지혜가 주主가 되기에 그런 까닭으로 문득 보문普門의 법계를 비출 때에 반드시 일체를 섭수하여 반伴을 삼아 끝도 없고 끝도 없나니,

---

127 원문에 상시相是란, 즉시卽是이니 즉한다는 뜻이다.

이것이 이 화엄에서 구하는 바 지관止觀이다.

鈔

瑜伽等者는 前第一經疏中에 已引起信일새 今略引瑜伽리니 卽菩薩地品中이라 彼論에 亦引深密하니 慈氏問世尊호대 如來說四種의 所緣境事하시니 一은 有分別影像이 所緣境事요 二는 無分別影像이 所緣境事요 三은 事邊際가 所緣境事요 四는 所作成辦이 所緣境事니 幾奢摩他가 所緣境事며 幾毘鉢舍那가 所緣境事닛가 世尊答云호대 初一은 毘鉢舍那의 所緣境事요 次一은 奢摩他의 所緣境事요 後二는 是俱所緣境事라하니라 釋曰初一은 卽事요 二는 卽是理니 故無分別智緣이요 三四는 通事理니 故用二爲能緣하나니 則是以事로 對觀義也니라 故前第一經疏中에 出意로대 但不順無分別智로 證如中義耳니 廣如彼說거니와 今取一義일새 故不言是非하고 以明十重하니 從麤至細며 自淺曁深故니라 初二는 止觀別行이니 一은 卽瑜伽奢摩他品이요 二는 卽毘鉢舍那品이라 下八은 皆雙運品이라 而三은 正是雙運이니 對第四雙遮인댄 此爲雙照어니와 若取別義인댄 雙照皆觀이요 雙遮皆止니 上四는 以理事爲能成하고 止觀爲所成이라 五는 融於心境이니 卽合前三四二門이라 以初二事理가 卽三四所融이니 故絶事理는 卽第四門中境이요 無礙는 卽第三門中境이요 泯止觀은 卽第四門止觀이요 無礙止觀은 卽第三門止觀이라 合上二重止觀과 與二重之境하야 明非一異니 不壞二相故로 二요 體無異故로 不二라 雖融心境하야사 方是事理無礙之門이나 但言相融하고 不說何者가 是止며

是觀者는 此通三意니 一은 但融上二重止觀은 卽是此門止觀이요
二者는 照斯二而不二며 不二而二는 卽是於觀이며 不取諸相은 卽名
爲止요 三者는 不礙心境而一味는 成卽觀之止며 不壞一味而心境
兩殊는 成卽止之觀이라

『유가론』 등이라고 한 것은 앞에 제일경의[128] 소문 가운데 이미
『기신론』을 인용하였기에 지금에는 간략하게 『유가론』만 인용하리
니 곧 『유가론』 보살지품[129] 가운데 말이다.
저 『유가론』에서 또한 『해심밀경』을 인용하였으니,
자씨 미륵이 세존에게 묻기를 여래께서 네 가지 반연할 바 경계의
일을 설하시니
첫 번째는 유분별 영상이 반연할 바 경계의 일이요
두 번째는 무분별 영상이 반연할 바 경계의 일이요
세 번째는 사실의 끝이 반연할 바 경계의 일이요
네 번째는 지을 바를 이루어 갖추는 것이 반연할 바 경계의 일이니
얼마가 사마타가 반연할 바 경계의 일이며,
얼마가 비발사나가 반연할 바의 일입니까.
세존이 답하여 말씀하시기를 처음에 한 가지는 비발사나의 반연할
바 경계의 일이요
다음에 한 가지는 사마타의 반연할 바 경계의 일이요

---

128 앞에 제일경이란, 월자권月字卷 상권 26장 상에 있다.
129 『유가론瑜伽論』은 77권, 보살지품菩薩地品이다.

뒤에 두 가지는 비발사나와 사마타가 함께 반연할 바 경계의 일이다
하였다.

해석하여 말하면 처음에 한 가지는 곧 사事요, 두 번째는 곧 이理이니
그런 까닭으로 무분별지가 반연할 바요,

세 번째와 네 번째는 사事와 이理에 통하나니

그런 까닭으로 지止와 관觀[130]으로써 능연能緣을 삼나니

곧 이것은 사事로써 관觀을 상대한[131] 뜻이다.

그런 까닭으로 앞에 제일경의[132] 소문에 그 뜻을 설출하였지만 다만[133]
금경의 무분별지로 진여를 증득하는[134] 가운데 뜻만을 따르지 않았을

---

130 원문에 용이用二라 한 이二는 곧 지止와 관觀이다.

131 사로써 관을 상대한다고 한 것은 사관事觀이니 사事는 지止의 뜻이니 이理로써
　　지止에 배속한 구절은 그윽이 생략되었다 하겠다.

132 제일경 운운은 금경수經은 이관理觀이고, 저 제일경은 사관事觀이다. 제일경
　　은 월자권月字卷 상권 26장 상 10행에 있다.

133 원문에 단불但不이라 한 불不 자는 당연히 필요 없는 글자이니 단순但順
　　운운이라 할 것이다. 단순但順 운운이라고 한 것은 저 소문에『기신론』
　　등의 이지사관理止事觀의 뜻을 설출하여 말하기를 이것은 다만 무분별지로
　　진여를 증득하는 가운데 뜻만 따르는 까닭으로 지止로써 배속한 것일지언정
　　서로 통하지 않는 것은 아니다 하였다. 그러나 이 구절도 또한 다만 유분별지
　　로 사실을 반연하는 가운데 뜻만 따른다는 구절이 그윽이 생략되었다 하겠다.
　　이상은『잡화기』의 뜻을 말을 첨가하여 해석한 것이다. 그러나『유망기』는
　　단불但不의 불不 자가 있다 하고『잡화기』는 없다 하는 것이 다르니 각자
　　생각할 것이다. 우납은 우선 불不 자를 넣어 해석하였다.

134 무분별지로 진여를 증득한다고 한 것은 이관理觀이다. 다시 말하면 제일경
　　소문에 설출한 뜻은 이지이관理止理觀과 사지사관事止事觀 등 많은 뜻이

뿐이니 폭넓게 설한 것은 저 『유가론』에 설한 것과 같거니와, 지금에
는 한 가지 뜻[135]만을 취하였기에 그런 까닭으로 옳고 그름을[136] 말하지
않고 십중十[137]重을 밝혔나니

큰 것으로 좇아[138] 작은 것에 이르며 얕은 곳으로부터 깊은 곳에
미치는 까닭이다.

처음에 이중二重은 지止와 관觀을 따로 수행하는 것이니

처음에 일중一重은 곧 『유가론』 사마타품이요,

제이중二重은 곧 비발사나품이다.

아래 팔중八重은 다 쌍운품이다.

그러나 제삼중은 바로 함께 운행하는 것이니

제사중에 함께 차단함을 상대한다면 이것은 함께 비추는 것이 되거
니와, 만약 차별의 뜻을 취한다면 함께 비추는 것은 다 관觀이요
함께 차단하는 것은 다 지止이니

위에 사중은 이·사로써 능성能成을 삼고 지관止觀으로써 소성所成을

있지만 지금에는 이지사관의 한 가지 뜻만 취하여 십중十重을 밝혔다는
것이다.

135 한 가지 뜻이란, 이지사관理止事觀의 한 가지 뜻이다.

136 옳고 그름을 말하지 않는다고 한 것은 앞의 소문에 이지사관理止事觀으로써
그름을 삼고 지관止觀이 사리事理에 통하는 것으로써 옳음을 삼는 것을
상대한 까닭으로 여기에 말하기를 지금에는 반드시 옳고 그름을 말하는
것이 아니라 다만 십중의 얕고 깊은 뜻을 밝히기를 요망할 뿐이라는 것이다.

137 십중十重이란, 소문에서는 십문十門이라 하였다.

138 큰 것으로 좇아 운운한 것은 십중의 뜻을 차례로 보면 내용이 점점 깊어지나니
즉 뒤에 뒤에가 앞에 앞에보다 깊다는 것이다.

삼은 것이다.

제오중은 마음과 경계를 융합하는 것이니

곧 앞에 삼중과 사중의 이문二門을 융합하는 것이다.

처음에 이중二重의 사事·리理가 곧 삼중과 사중의 융합할 바이니

그런 까닭으로 사리를 끊는 것은 곧 제사문 가운데 경계요,

걸림이 없는 것은 곧 제삼문 가운데 경계요,

지관止觀을 민절한 것은 곧 제사문 가운데 지관이요

지관에 걸림이 없는 것은 곧 제삼문 가운데 지관이다.

위에 이중의 지관과 더불어 이중의 경계를 융합하여 일一도 아니고

이異도 아님을 밝힌 것이니

두 가지 모습139을 무너뜨리지 않는 까닭으로 둘이요,

자체가 다르지 않는 까닭으로 둘이 아니다.

비록 마음과 경계가 융합하여야 바야흐로 사리무애의 문門이지만

다만 마음과 경계가 서로 융합함만 말하고 어떤 것이 이 지止이며

이 관觀인지는 말하지 아니한 것은 이것은 세 가지 뜻에 통하나니,

첫 번째는 다만 위에 이중二重의 지관만을 융합한 것은 곧 이 화엄문의

지관이요

두 번째는 이것이 둘이지만 둘이 아니며 둘이 아니지만 둘임을

관조하는 것은 곧 이 관이며, 모든 모습140을 취하지 않는 것은 곧

이름이 지止가 되는 것이요

---

139 두 가지 모습(二相)이라고 한 것은 心과 境이다.

140 모든 모습이라고 한 것은 곧 둘이지만 둘이 아닌 것과 둘이 아니지만 둘인
모습을 말한다. 이것도 역시 『잡화기』의 말이다.

세 번째는 마음과 경계가 걸리지 않고 한맛이라고 한 것은 관에 즉한 지이며, 한맛을 무너뜨리지 않고 마음과 경계가 둘이 다르다고 한 것은 지혜 즉한 관임을 성립한 것이다.

後五는 卽事事無礙門中止觀이니 六은 是一多相容不同門이요 七은 是諸法相卽自在門이요 八은 卽合前卽入이니 義當同時具足門이요 九는 卽因陀羅網境界門이요 十은 卽主伴圓明具德門이니 欲顯後後 가 深於前前일새 故合卽入耳니라 餘可思準이라 此亦一處에 明示止 觀이며 兼廣演玄言니라

뒤에 오중은 곧 사사무애문 가운데 지관이니

제육중은 일다상용부동문이요

제칠중은 제법상즉자재문이요

제팔중은 곧 앞에 상즉과 상입을[141] 융합한 것이니 뜻이 동시구족상응 문에 해당하는 것이요

제구중은 곧 인다라망경계문이요

제십중은 곧 주반원명구덕문이니,

뒤에 뒤에 있는 것이 앞에 앞에 있는 것보다 깊은 것임을 나타내고자 하였기에 그런 까닭으로 상즉과 상입을 융합하였을 뿐이다.

나머지는 가히 여기에 기준하여 생각할 것이다.[142]

---

141 상즉 운운은, 상즉은 제칠중이고 상입은 제육중이다.

142 나머지는 가히 여기에 기준하여 생각할 것이라고 한 것은 아홉 번째 인다라문 과 열 번째 주반원명의 二門을 가리키는 것이니, 또한 다 뒤에 것이 앞에

이것도 또한 한 곳[143]에서 지관止觀을 명시明示한 것이며 겸하여 현묘한 말을 폭넓게 연설하였을 뿐이다.

疏

十에 **思惟者**는 **籌量應作**과 **不應作故**니라

열 번째 사유의 힘이라고 한 것은 응당 작위하고 응당 작위하지 못함을 헤아리는 까닭이다.

보다 깊은 까닭으로 가히 여기에 기준하면 알 수 있는 것이다 하겠다. 다 『잡화기』의 말이다.

143 한 곳(一處)이란, 『유가론瑜伽論』이다.

經

云何得蘊善巧와 界善巧와 處善巧와 緣起善巧와 欲界善巧와
色界善巧와 無色界善巧와 過去善巧와 未來善巧와 現在善巧며

어떻게 오온의 선교와 십팔계의 선교와
십이처의 선교와 연기의 선교와
욕계의 선교와 색계의 선교와 무색계의 선교와
과거의 선교와 미래의 선교와 현재의 선교를 얻으며

疏

第四는 於法善巧니 皆約流轉以明이라 前四는 流轉之體요 三界는
流轉之處요 三世는 流轉之時니 三科之義는 略如前釋하고 廣如
別章하니라 緣起는 六地廣明하고 三界三世는 如前後釋이라 皆言
善巧者는 一은 善知彼法이 空無所有요 二는 善知不壞假名하고
分別法相이요 三은 加能攝無盡하야 彌善巧也라

제사단은 법의 선교를 얻는 것이니
다 유전문을 잡아 밝힌 것이다.
앞에 네 가지는 유전하는 자체요
다음에 삼계는 유전하는 처소요
다음에 삼세는 유전하는 시간이니
이 삼과三科의 뜻은 간략하게는 앞에서 해석한 것과[144] 같고 폭넓게

해석한 것은 별장別章과 같다.

연기는 육지에서 폭넓게 밝혔고 삼계와 삼세는 전후에서 해석한 것과 같다.

다 선교라고 말한 것은 첫 번째는 저 법이 공하여 있는 바가 없는 줄 잘 아는 것이요

두 번째는 거짓 이름을 무너뜨리지 않고 법상을 분별하는 것을 잘 아는 것이요

세 번째는 능히 섭수하는 것이 끝이 없음을 더하여 선교를 두루하게[145] 하는 것이다.

鈔

皆約流轉以明者는 由善巧義가 通還滅故라 總釋善巧에 乃有三義하니 一은 知理요 二는 知事요 三은 加能攝無盡이니 正是事事無礙며 兼於事理無礙라 故大品云호대 一切法趣色하나니 色尙不可得거든 云何當得有趣非趣리요 一切同歸於空일새 諸法之空이 不異色空이라하니 故卽事理無礙意어니와 今取一攝一切일새 卽事事無礙善巧니라 開此爲二하면 便有四義하니 瑜伽五十六七廣說하니라 三科善巧는 多約相說이니 卽第二義니라

---

144 앞에서 해석한 것이란, 즉 제이경第二經이다.
145 미선彌善 사이에 갱更 자가 소본에는 있다.

다 유전문을 잡아 밝혔다고 한 것은 선교의 뜻이 환멸문에 통함[146]을 인유한 까닭이다.

선교를 모두 해석함에 이에 세 가지 뜻이 있나니

첫 번째는 진리를 아는 것이요

두 번째는 사실을 아는 것이요

세 번째는 능히 섭수하는 것이 끝이 없음을 더하는 것이니

바로 이것은 사사무애이며 사리무애도 겸하였다.

그런 까닭으로 『대품반야경』[147]에 말하기를 일체법이 저 색色에 취향하나니[148]

색도 오히려 가히 얻을 수 없거든 어떻게 취향하고 취향하지 못함이 있음을 얻겠는가.[149]

일체법이 다 공에 돌아가기에[150] 모든 법이 공한 것이 색이 공한

---

146 선교의 뜻이 환멸문에 통한다고 한 것은 곧 첫 번째는 이理를 아는 것이라 한 것이 이것이다. 역시 『잡화기』의 말이다.

147 『대품반야경』이란, 이사무애理事無碍를 증거證擧한 것이다.

148 일체법이 저 색色에 취향한다고 한 것은 말하자면 일체법이 저 색에 취향하여 나아가는 것이니, 저 『대품반야경』의 이 다음 앞에 말하기를 일체법이 저 무상에 취향하여 나아가며, 환상에 취향하여 나아가며, 꿈에 취향하여 나아간다 한 등이라 하였다. 다 『잡화기』의 말이다.

149 어떻게 취향하고 취향하지 못함이 있음을 얻겠는가 한 것은 취향할 바 색을 가히 얻을 수 없기에 그런 까닭으로 어떻게 능히 취향하고 능히 취향하지 못함이 있겠는가 한 것이다.

150 일체법이 다 공에 돌아간다고 한 등은 이 위에는 경문 가운데 색이 공하다는 뜻을 이끌어 증거한 것이고, 여기는 초가가 일체법이 공한 것으로 위에 색이 공하다는 뜻을 비례한 것이다. 역시 『잡화기』의 말이다.

것과 다르지 않다 하였으니

그런 까닭으로 곧 사리무애의 뜻이거니와 지금에는 하나가 일체를
섭수함을 취하기에 곧 사사무애의 선교이다.

이것을 열어 두 가지로 하면 문득 네 가지 뜻[151]이 있나니
『유가론』 오십육권과 오십칠권에 폭넓게 설하였다.

삼과의 선교라고 한 것은 다분히 모습을 잡아서 설한 것이니
곧 제 두 번째 뜻[152]이다.

---

151 원문에 사의四義란, 사무애四無碍이다.

152 제 두 번째 뜻이라고 한 것은, 삼계三界는 유전하는 처소라 한 것이다.

經

云何善修習念覺分과 擇法覺分과 精進覺分과 喜覺分과 猗覺分
과 定覺分과 捨覺分과 空과 無相과 無願하며

어떻게 념각분과 택법각분과
정진각분과 희각분과
의각분[153]과 정각분과 사각분과
공과 무상과 무원을 잘 닦아 익히며

疏

第五는 修涅槃因이니 七覺三空은 十地品廣說하니라

제오단은 열반의 원인을 닦는 것이니
칠각분과 삼공은 십지품에 폭넓게 설하였다.

---

153 의각분은 보통은 제각분除覺分이라 한다. 의猗라고 한 것은 곧 경안輕安이니
이 가운데 해석은 모두 호자권號字卷 53장을 볼 것이다. 다『잡화기』의
말이다.

經

云何得圓滿檀波羅蜜과 尸波羅蜜과 羼提波羅蜜과 毘梨耶波
羅蜜과 禪那波羅蜜과 般若波羅蜜하며 及以圓滿慈悲喜捨하며

어떻게 단바라밀과 시바라밀과
찬제바라밀과 비리야바라밀과
선나바라밀과 반야바라밀을 원만케 하며
그리고 자·비·희·사를 원만케 함을 얻으며

疏

第六은 滿菩薩行이라 此下二種은 明離繫果니 初六度四等은 修
卽士用이요 滿卽離繫니 治諸蔽故니라

제육단은 보살의 행을 원만케 하는 것이다.
이 아래에 두 가지는[154] 이계과를 밝힌 것이니
처음에 육바라밀과 사무량심[155] 등은 수행하면 곧 사용과요
원만케 하면 곧 이계과이니
제폐諸蔽[156]를 대치하는 까닭이다.

---

154 두 가지는 육바라밀과 사무량심이다.

155 사무량심은 두 번째이다.

156 제폐諸蔽란, 卽六蔽이니 修行六度하야 對治六蔽라. 1. 布施 治慳貪, 2. 持戒
治邪惡, 3. 忍辱 治瞋恚, 4. 精進 治懈怠, 5. 禪定 治散亂, 6. 智慧 治愚痴라.
해석하면 제폐는 곧 육폐이니 육도를 수행하여 육폐를 대치하는 것이다.
첫 번째는 보시로 간탐을 대치하고, 두 번째는 지계로 사악을 대치하고,
세 번째는 인욕으로 진애를 대치하고, 네 번째는 정진으로 해태를 대치하고,
다섯 번째는 선정으로 산란을 대치하고, 여섯 번째는 지혜로 우치를 대치한다
는 것이다.

經

云何得處非處智力과 過未現在業報智力과 根勝劣智力과 種種界智力과 種種解智力과 一切至處道智力과 禪解脫三昧染淨智力과 宿住念智力과 無障礙天眼智力과 斷諸習智力하며

어떻게 처비처지력과 과거·미래·현재업보지력과
근승렬지력과 종종계지력과
종종해지력과 일체지처도지력과
선해탈삼매염정지력과 숙주염지력과
무장애천안지력과 단제습지력을 얻으며

疏

第七은 具足十力이니 並見上文이라

제칠단은 십력을 구족하는 것이니
아울러 위의 문장에[157] 나타났다.

---

157 위의 문장이란, 진자권辰字卷 십력장十力章이다. 수진 역주, 청량국사화엄경
소초 17권, 세주묘엄품 7권, p.223 이하이다.

經

云何常得天王과 龍王과 夜叉王과 乾闥婆王과 阿脩羅王과 迦樓羅王과 緊那羅王과 摩睺羅伽王과 人王과 梵王之所守護하고 恭敬供養하며

어떻게 항상 천왕과 용왕과
아차왕과 건달바왕과
아수라왕과 가루라왕과
긴나라왕과 마후라가왕과
인왕과 범왕이 수호하고 공경하고 공양하는 바를 얻으며

疏

第八은 十王敬護니 是增上果라

제팔단은 십왕이 공경하고 수호하는 것이니
이것은 증상과이다.

鈔

十王敬護等者는 卽有力增上이니 由己具德하야 令彼護故니라

십왕이 공경하고 수호하는 등이라고 한 것은 곧 힘이 있어 증상增上[158]

하는 것이니

자기가 공덕을 갖춤을 인유하여 저 십왕으로 하여금 수호케 하는 까닭이다.

---

158 증상增上은 증진增進, 나아감, 늘어남, 발달함의 뜻이다.

經

云何得與一切衆生으로 爲依爲救하고 爲歸爲趣하고 爲炬爲明하고 爲照爲導하고 爲勝導爲普導하며

어떻게 일체중생으로 더불어 의지할 바가 되고 구호할 바가 되고
귀의할 바가 되고 취향할 바가 되고
횃불이 되고 광명이 되고
비춤이 되고 인도자가 되고
수승한 인도자가 되고 널리 인도하는 자가 됨을 얻으며

疏

第九는 云何得與一切衆生으로 爲依下二段은 明等流果니 由本願力하야 爲依救等이요 由本行力하야 爲第一等이라 今初는 能爲饒益이니 依等十句는 如迴向初하니라

제구단은 어떻게 일체중생으로 더불어 의지할 바가 되며라고 한 아래에 이단二段은 등류과[159]를 밝힌 것이니
본래 서원의 힘을 인유하여 의지할 바가 되고 구호할 바가 되는 등이요,
본래 수행의 힘을 의지하여 제일가는 이가 되는 등이다.

---

[159] 등류과等流果는 선과악과善果惡果요 등류인等流因은 선인악인善因惡因이니 곧 선인선과善因善果요 악인악과惡因惡果이다.

지금은 처음으로 능히 중생을 요익하기 위한 것이니
의지할 바 등 십구는 십회향 초에 설한 것과 같다.

鈔

由本願下는 卽瑜伽前意니 行似昔修故요 言由本行力하야 爲第一
等者는 卽第二意니 果似昔因이니 旣爲第一일새 故是行果니라

본래 서원의 힘을 인유한다고 한 아래는 곧 『유가론』의 제일 앞에
뜻이니
수행이 옛날의 수행과 같은[160] 까닭이요
본래 수행의 힘을 인유하여 제일가는 이가 되는 등이라고 한 것은
곧 『유가론』의 제이第二에 뜻이니,
결과가 옛날의 원인과 같은 것이니 이미 제일가는 이가 되었기에
그런 까닭으로 이것은 수행의 결과[161]이다.

---

160 원문에 行以에서 以는 사似 자의 잘못이다.
161 수행의 결과란, 수행은 제일의 행行이고, 결과는 제이의 과果이다.

經

云何於一切衆生中에 爲第一爲大하고 爲勝爲最勝하고 爲妙爲
極妙하고 爲上爲無上하고 爲無等爲無等等이닛가

어떻게 일체중생 가운데 제일가는 이가 되고 큰 이가 되고
수승한 이가 되고 가장 수승한 이가 되고
묘한 이가 되고 지극히 묘한 이가 되고
높은 이가 되고 더 이상 높을 수 없는 이가 되고
같을 수 없는 이가 되고 같을 수도 없고 같을 수도 없는 이가
됩니까.

疏

第十에 爲第一下는 超勝尊貴니 十地論釋거니와 今就佛果하야 略
釋其相하리라 謂如來功德海는 滿更無所少일새 故稱第一이니 此
亦總句라 大者는 體包法界故요 勝者는 自利圓滿故요 最勝者는
利他究竟故요 妙者는 煩惱障盡故요 極妙者는 所知障盡故요 上
者는 望下無及故요 無上者는 望上更無故요 無等者는 望下無儔
故요 無等等者는 望儔皆是無等者故라 所以廣擧諸德者는 欲顯
行之勝故니라
上來問竟이라

제십단에 제일가는 이가 되었다고 한 아래는 뛰어나고 수승하고[162]

존귀한 것이니 『십지론』에서 해석하였거니와, 지금에는 불과에 나아가서 간략하게 그 모습을 해석하겠다.

말하자면 여래 공덕의 바다는 가득하여 다시 모자라는 바가 없기에 그런 까닭으로 제일가는 이라 이름하는 것이니

이것은 또한 총구總句이다.

큰 이라고 한 것은 자체가 법계를 포함하는 까닭이요

수승한 이라 한 것은 자리가 원만한 까닭이요

가장 수승한 이라고 한 것은 이타가 구경究竟인 까닭이요

묘한 이라고 한 것은 번뇌장이 다한 까닭이요

지극히 묘한 이라고 한 것은 소지장이 다한 까닭이요

높은 이라고 한 것은 아래를 바라봄에 미칠 수 없는 까닭이요

더 이상 높을 수 없는 이라고 한 것은 위를 바라봄에 다시 더 이상 없는 까닭이요

같을 수 없는 이라고 한 것은 아래를 바라봄에 짝이 없는 까닭이요

같을 수도 없고 같을 수도 없는[163]이라고 한 것은 짝을 바라봄에 다 같을 만한 이가 없는 까닭이다.

그런 까닭으로 모든 공덕을 폭넓게 거론한 것은 수행의 수승함을 나타내고자 한 까닭이다.

---

162 원문에 초승超勝이란, 중생衆生 가운데 초승超勝한 자이다.

163 같을 수도 없고 같을 수도 없다고 한 것은 그 뜻에 말하기를 같을 수 없다고 한 것으로 더불어 같을 수 없다는 것이니, 같을 수 없다고 한 것은 저 부처님을 가리키는 것이다. 역시 『잡화기』의 말이다.

상래에 지수보살이 질문[164]한 것은 마친다.

---

164 원문에 상래문上來問이란, 지수보살智首菩薩이 공덕을 들어 원인을 물은
것이다. 上來에 前一段과 后十段이 다 공덕을 거론한 것이지만, 云何라는
글자가 원인을 묻고 있다 하겠다. 바로 아래 문수文殊의 답 중에 표덕현인標德
顯因은 처음(初)은 공덕을 표하고, 뒤에 백사십원百四十願은 원인을 나타낸
것이다.

經

爾時에 文殊師利菩薩이 告智首菩薩言호대 善哉佛子야 汝今爲
欲多所饒益이며 多所安隱으로 哀愍世間하야 利樂天人하야 問
如是義하니

그때 문수사리보살이 지수보살에게 일러 말하기를 착합니다, 불자
여, 그대가 지금 다분히 요익케 하는 바이며 다분히 안은케 하는
바로 세간을 어여삐 여겨 천상과 인간을 이익하고 안락케 하고자
하기 위하여 이와 같은 뜻을 물으니

疏

第二는 文殊答이라 於中에 文分爲二리니 第一은 歎問成益이라
饒益者는 利益也요 安隱者는 安樂也요 利樂者는 卽上二也라 佛
地論第七에 有五重釋利樂之義하니 已見光明覺品하니라

제 두 번째는 문수보살이 답한 것이다.
그 가운데 경문을 나누어 두 가지로 하리니
첫 번째는 질문이 이익 이름을 찬탄한 것이다.
요익이라고 한 것은 이익이요
안은이라고 한 것은 안락이요
이익하고 안락케 한다고 한 것은 곧 위에 두 가지 다이다
『불지론』제칠권에 오중五重으로 이익하고 안락케 하는 뜻을 해석한

것이 있나니
이미 광명각품에서 나타내었다.

鈔

佛地論第七에 有五重者는 一은 修善因得樂果故요 二는 離惡攝善
故요 三은 此世他世益故요 四는 世出世益故요 五는 福德智慧益故니
上之五重이 各先義後利니라

『불지론』 제칠권에 오중으로 이익하고 안락케 하는 뜻을 해석한
것이 있다고 한 것은, 첫 번째는 좋은 원인을 닦아서 안락한 과보를
얻는 까닭이요
두 번째는 나쁜 원인을 떠나 좋은 과보를 섭수하는 까닭이요
세 번째는 이 세상과 다른 세상을 이익케 하는 까닭이요
네 번째는 세간과 출세간을 이익케 하는 까닭이요
다섯 번째는 복덕과 지혜를 이익케 하는 까닭이니
위에 오중이 각각 먼저는 뜻이요
뒤에는[165] 이익이다.

---

165 원문에 先이란 一에 修善因 등이요, 後란 一에 得樂果 등이다. 二, 三 등도
역시 그렇다.

經

佛子야 若諸菩薩이 善用其心하면

불자여, 만약 모든 보살이 그 마음을 잘 쓰면

疏

第二에 佛子下는 正酬其問이라 於中二니 先은 標因成德하야 酬其
擧德이요 後는 指事顯因하야 酬其徵因이라 今初는 先標其因이니
謂善用其心이라 心者는 神明之奧니 心正則萬德攸歸라 言善用
者는 卽後歷緣巧願하야 觸境入玄이니 如上所辨하니라

제 두 번째 불자라고 한 아래는 바로 그 물음에 답한 것이다.
그 가운데 두 가지가 있나니
먼저는 원인이 공덕을 이룸을 표하여 그 공덕을 거론함[166]에 답한
것이요
뒤에는 사실이 원인을 나타냄을 가리켜 그 원인을 물음[167]에 답하
것이다.
지금은 처음으로 먼저는 그 원인을 표한 것이니
말하자면 그 마음을 잘 쓰는 것이다.

---

166 원문에 거덕擧德이란, 智首가 擧德徵因한 것에 擧德이니 영인본 화엄 5책,
    p.167, 5행이다.
167 원문에 징인徵因이란, 智首가 擧德徵因한 것에 徵因이다.

마음이라고 하는 것은 신명神明의 오묘한 것이니

마음이 바르면 곧 만덕이 돌아가는 바이다.

잘 쓴다고 말한 것은 곧 뒤에 방편의 서원[168]을 차례로 반연하여

부딪히는 경계마다 현묘함에 들어가게 하는 것이니

위[169]에서 분별한 바와 같다.

---

168 원문에 교원巧願이란, 뒤에 一百四十一願이다.

169 원문에 상上이란, 영인본 화엄 5책, p.133, 해방중解妨中이다.

經

則獲一切勝妙功德하야

곧 일체 수승하고 묘한 공덕을 얻어서

疏

二에 則獲下는 顯所成德이니 初總後別이라 總謂一切勝妙功德이
皆因用心이니 一百一十門德을 何足難就리요 可謂一言蔽諸니라
勝謂獨尊이요 妙謂離相이라 又德無不備云勝이요 障無不盡名妙
니 此之總句가 亦卽酬上十種三業之總句也니라

두 번째 곧 일체 수승하고 묘한 공덕을 얻어서라고 한 아래는 성취할
바 공덕을 나타낸 것이니,
처음에는 한꺼번에 나타낸 것이요
뒤에는 따로 나타낸 것이다.

한꺼번에 나타낸다고 한 것은 말하자면 일체 수승하고 묘한 공덕이
다 마음 씀을 인유하나니 일백일십문의 공덕을 어찌 족히 성취하기
어렵겠는가.
가히 말하건대 한마디로 다할 수 있다[170] 할 것이다.

---

170 원문에 일언폐저一言蔽諸란, 공자孔子의 詩三百을 一言蔽諸하면 曰 思無邪

수승하다고 한 것은 홀로 존귀함을 말한 것이요
묘하다고 한 것은 상相을 떠난 것을 말한 것이다.
또 공덕을 갖추지 아니함이 없는 것을 수승하다고 말한 것이요
장애를 다하지 아니함이 없는 것을 묘하다고 이름한 것이니,
이 총구總句가 또한 곧 위에 열 가지[171] 삼업의 총구를 답한 것이다.

鈔

可謂一言蔽諸者는 即論語云호대 詩三百을 一言以蔽諸니 曰思無
邪라하니라 包曰蔽猶當也니 謂歸於正이라하니라

가히 말하건대 한마디로 다할 수 있다고 한 것은 곧 『논어』에[172]
말하기를 시전詩典 삼백 편을 한마디로 다 말할 수 있나니,
말하자면 생각을 사특함이 없이 하는 것이다 하였다.
포함包咸[173]이 말하기를 다한다(蔽)[174]고 한 것은 당當 자와 같나니,

라 한 말을 인용引用하여 今經에 一百一十門의 功德을 一言蔽諸하면 曰
一切勝妙功德이라 할 것이니, 善用其心하면 即是具足할 것이다. 그 뜻은
一百一十門功德을 마음 한번 잘 쓰면 즉시에 성취한다는 것이다. 초문鈔文
을 참고하라.
그러나 『잡화기』는 일언一言은 곧 선용기심善用其心이고, 제諸라고 한 것은
곧 아래 백사십 등의 서원이라 하였다. 따라서 시전은 諸를 '어조사 저'
자로 보았고 『잡화기』는 '모든 제' 자로 보았다.
171 위에 열 가지 운운은 영인본 화엄 5책, p.139, 7행에 있다.
172 『논어論語』는 제이권, 위정편爲政篇이니 구체적으로는 시詩가 三百十一篇
이다.

말하자면 정正[175]에 돌아가는 것이다 하였다.

---

173 원문에 포包는 포함包咸이니 사람 이름이다.

174 주자朱子는 蔽를 盖 자로 보았다.

175 정正이란, 思無邪가 卽正也니 즉 사무사가 곧 정正이다.

經

於諸佛法에 心無所礙며 住去來今의 諸佛之道며 隨衆生住하야
恒不捨離며 如諸法相을 悉能通達이며 斷一切惡하고 具足衆善
이며 當如普賢의 色像第一이며 一切行願이 皆得具足이며 於一
切法에 無不自在며 而爲衆生의 第二導師리라

모든 불법에 마음이 걸리는 바가 없을 것이며
과거 미래 현재 모든 부처님의 도에 머물 것이며
중생을 따라 머물러 항상 버리고 떠나지 않을 것이며
저 모든 법의 모습을 다 능히 통달할 것이며
일체 악을 끊고 수많은 선을 구족할 것이며
마땅히 보현의 색상이 제일인 것과 같을 것이며
일체 행원이 다 구족함을 얻을 것이며
일체법에 자재하지 않음이 없을 것이며
중생의 제이第二 도사가 될 것입니다.

疏

餘九別顯이라 句雖有九나 義亦有十하니 如次酬上十段之德이라
一에 於諸佛法에 心無所礙者는 卽初第一의 堪傳法器德이니 念
慧覺悟를 皆具足故요 二에 住去來今諸佛之道는 卽上成就衆慧
니 三世諸佛이 唯以佛慧로 爲所乘故요 三에 隨衆生住하야 恒不
捨離는 卽上具道因緣이니 成就種性과 欲樂方便하야 常以衆生으

로 爲所緣故요 四에 如諸法相을 悉能通達은 卽十善巧義에 無惑
也요 五에 斷一切惡은 卽七覺三空이니 揀擇棄惡이 無越此故요
六에 具足衆善은 卽六度四等이요 七에 當如普賢의 色像第一은
由此故로 得十王敬護요 八에 一切行願이 皆得具足은 卽是前文
의 成就十力이니 得佛果位하야사 方具足故라 故晉經엔 無此一句
하고 而有成就如來의 一切種智하니 斯爲十種智力이니 定無惑也
니라 唯此一段이 望前不次니 以內具種智하고 外具色相하는 此二
는 同在果圓일새 前後無在어니와 或譯者不迴니라 九에 於一切法
에 無不自在는 故能與物로 爲依爲救하고 爲炬爲明이라 十에 而爲
衆生의 第二導師는 卽是上文에 於衆超勝이라 上求第一은 唯佛
一人거니와 今纔發心에 則道亞至尊일새 故云第二라하니라 然舊
經中에 亦云而爲衆生의 第一尊導라하니 故知第二는 譯者意也라

나머지 아홉 구절은 따로 나타낸 것이다.
구절은 비록 아홉 구절이 있지만 뜻은 또한 열 가지가 있나니[176]
차례와 같이 위에[177] 십단의 공덕을 답한 것이다.

첫 번째 모든 불법에 마음이 걸리는 바가 없다고 한 것은 곧 처음
제일단의 법을 전함에 감당할 그릇의 공덕이니

<hr>

176 원문에 의역유십義亦有十이란, 제오구第五句에 단일체악斷一切惡과 구족중선
　　具足衆善을 나누니 열 가지가 된다.
177 원문에 상上이란, 영인본 화엄 5책, p.144 이하 십단이다.

생각과 지혜와 깨달음을 다 구족한 까닭이요[178]

두 번째 과거 미래 현재 모든 부처님의 도에 머문다고 한 것은 곧 위에[179] 수많은 지혜를 성취한다고 한 것이니

삼세에 모든 부처님이 오직 부처님의 지혜로서 타실 바를 삼은 까닭이요

세 번째 중생을 따라 머물러 항상 버리고 떠나지 않는다고 한 것은 곧 위에[180] 도의 인연을 구족한다고 한 것이니

종성種性과 욕락欲樂과 방편方便을[181] 성취하여 항상 중생으로써 반 연할 바를 삼는 까닭이요

네 번째 저 모든 법의 모습을 다 능히 통달한다고 한 것은 곧 열 가지 선교[182]의 뜻에 미혹함이 없는 것이요

다섯 번째 일체 악을 끊었다고 한 것은 곧 칠각분[183]과 삼공이니 간택하고 악을 버리게 하는 것이 이것을 넘을 수는 없는 까닭이요

여섯 번째 수많은 선을 구족한다고 한 것은 곧 육바라밀과 사무량심

---

178 원문에 염혜각오개구족고念慧覺悟皆具足故라고 한 것은 영인본 화엄 5책, p.144, 8행에 염구족念具足, 혜구족慧具足, 각오구족覺悟具足이다. 그러나(然 이나) 皆라는 말은 十句를 다 가리키기도 한다.

179 위(上)란, 영인본 화엄 5책, p.150, 4행이다.

180 위(上)란, 영인본 화엄 5책, p.151, 6행이다.

181 종성種性과 욕락欲樂과 방편方便이라고 한 것은, 1, 종성種性, 2. 욕락欲樂, 3. 방편方便이니 종성種性은 영인본 화엄 5책, p.151, 7행에 있고, 욕락欲樂은 같은 책 p.152, 9행에 있고, 방편方便도 같은 책 p.152, 9행에 있다.

182 열 가지 선교는 영인본 화엄 5책, p.158, 2행이다.

183 칠각분은 영인본 화엄 5책, p.159, 9행이다.

등¹⁸⁴이요

일곱 번째 마땅히 보현의 색상이 제일인 것과 같다고 한 것은 이것을 인유한 까닭으로 십왕이 공경하고¹⁸⁵ 수호함을 얻는 까닭이요

여덟 번째 일체 행원이 다 구족함을 얻는다고 한 것은 곧 이것은 앞의 문장¹⁸⁶에 십력을 성취한다고 한 것이니

불과위佛果位를 얻어야 바야흐로 구족하는 까닭이다.

그런 까닭으로 진경晉經에는 이 여덟 번째 일구一句가 없고 여래의 일체종지를 성취한다는 구절이 있나니,

이것이 열 가지 지력智力¹⁸⁷이 되나니 결정코 의혹하지 말 것이다.

오직 이 일단만이 앞을 바라봄에 차례가 같지 않나니¹⁸⁸

안으로 열 가지 지력을 구족하고 밖으로 색상을 구족하는 이 두 가지는 과원果圓¹⁸⁹에 같이 있기에 앞과 뒤가 있지 않거니와¹⁹⁰ 혹

---

184 등이란, 영인본 화엄 5책, p.160, 3행에 等은 사섭법四攝法 등이다.

185 십왕공경은 같은 책 p.161, 3행이다.

186 앞이란, 같은 책 p.160, 5행, 疏文에 구족십력具足十力이라 하였다.

187 원문에 십종지력十種智力은 곧 십력十力이다.

188 오직 이 일단만이 앞을 바라봄에 차례가 같지 않다고 한 것은, 앞인즉 십력이 십왕 앞에 있고 지금인즉 십왕이 십력 앞에 있기 때문이다. 이 일단이란, 제팔단을 말한다.

189 과원果圓이란, 성불成佛(과위의 원만함)이다. 이 과원이라는 글자 아래에 소본에는 만중滿中이라는 두 글자가 있다.

190 앞과 뒤가 있지 않다고 한 것은 열 가지 지력을 구족하고 색상을 구족하는 이 두 가지가 다 과원에 있어 따로 앞과 뒤가 없는 까닭으로 혹은 열 가지 지력을 먼저 말하고 색상을 뒤에 말하며, 혹은 색상을 먼저 말하고 열 가지 지력을 뒤에 말하는 것이다. 다『잡화기』의 말이다.

번역하는 사람이 회문回文하지 못한 것이 아닌가 한다.

아홉 번째 일체법에 자재하지 않음이 없다고 한 것은 짐짓[191] 능히 중생으로 더불어 의지할 바가 되고 구호할 바가 되고 횃불이 되고 광명이 된다고 한 것이요

열 번째 중생의 제이 도사가 된다고 한 것은 곧 이것은 위의[192] 문장에 중생 가운데 뛰어나 수승하다고 한 것이다.

위에서 구문求問하기를[193] 중생 가운데 제일가는 이가 된다고 한 것은 오직 부처님 한 사람뿐이거니와 지금에 겨우 발심함에 곧 도가 지존至尊[194]에게 버금가기에 그런 까닭으로 말하기를 중생의 제이 도사라 하였다.

그러나 진경晉經 가운데 또한 말하기를 중생의 제일 존도尊道가 된다 하였으니

그런 까닭으로 알아라. 제이 도사라고 한 것은 번역한 사람의 뜻이다.

---

191 짐짓이란, 방편方便으로, 일부러라는 뜻이다.

192 위(上)란, 영인본 화엄 5책, p.162, 4행이다.

193 위에서 구문求問 운운은 영인본 화엄 5책, p.162, 2행에 일체중생중一切衆生中에 위제일爲第一이라 한 것이다. 『잡화기』엔 위에서라고 한 것은 앞에 제십단을 가리키는 것이라 하니, 제십단이란 소문이고, 경문은 일체중생 운운이다.

194 지존至尊이란, 佛이다.

經

佛子야 云何用心하야사 能獲一切勝妙功德이닛가

불자여, 어떻게 마음을 써야만 능히 일체 수승하고 묘한 공덕을
얻겠습니까.

疏

二에 佛子云何下는 指事顯因이라 於中三이니 初는 總徵이요 次는
別顯이요 後는 總結成益이라

제 두 번째 불자여, 어떻게라고 한 아래는 사실이 원인을 나타냄을
가리킨 것이다.
그 가운데 세 가지가 있나니,
처음에는 한꺼번에 물은 것이요
다음에는 따로 나타낸 것이요
뒤에는 이익 이룸을 모두 맺는 것이다.

疏

二別顯中에 五門分別하리니 一은 總明大意라 文中에 總有一百四
十一願하니 菩薩大願이 深廣如海하니라 應如迴向하야 非止爾也
니라 此蓋示於體式이니 餘皆倣此니라 又非無表니 一百者는 十信

圓融하야 一一具十也요 四十一者는 卽四十一位也니 明此諸位
의 所有惑障이 由此能淨하고 所有勝行이 由此能行故니라

두 번째는 따로 나타낸 가운데 오문으로 분별하리니,
첫 번째는 대의를 한꺼번에 밝힌 것이다.
경문 가운데 모두 일백사십한 가지 서원이 있나니
보살의 큰 서원이 깊고도 넓기가 바다와 같다.
응당 회향품에[195] 설한 것과 같아서 저[196] 숫자에 그칠 뿐만 아니다.
이것은 대개 문체의 의식만을 보인 것이니
나머지는 다 이것을 본받을 것이다.
또 표법表法이 없지 않나니 일백이라고 한 것은 십신이 원융하여
낱낱이 십十을 갖춘 것이요
사십한 가지라고 한 것은 곧 사십일위位이니
이 모든 지위에 있는 바 혹장惑障이 이것을 인유하여 능히 청정하여지
고, 있는 바 수승한 행이 이것을 인유하여 능히 행하여짐을 밝힌
까닭이다.

鈔

卽四十一位者는 此約行修와 有障等이요 四十二는 卽妙覺位니 是所

195 회향이란, 십회향 광명행원廣明行願 가운데 설한 것이다. 『잡화기』에는 곧
십회향품 가운데 설한 바 무진회향이라 하였다.
196 저(爾)란, 一百四十一願이다.

求故며 無障非行故니라

곧 사십일위라고 한 것은 이것은 수승한 수행과 혹장이 있다는[197]
등을 잡은 것이요
사십이위四十二位는 곧 묘각위이니,
이것은 구할 바인 까닭이며
장애마다 수행하지 아니함이 없는 까닭이다.

疏

二는 通顯文旨라 然此諸願이 句雖有四나 事但有三이니 義開爲
六하리라 言三事者는 謂初句는 願所依事요 次句는 願所爲境이요
後二句는 是願境成益이라 開爲六者는 初事有二하니 一者內니
謂菩薩自身根識等이니 經云菩薩等故요 二者外니 謂他身或依
正資具等이니 經云在家等故라 次事亦二種이니 一은 能發願者요
二는 所願衆生이니 經云當願衆生故라 後事亦二니 一者는 自益이
니 由此諸願하야 成前諸德故요 二者는 益他니 由此發願하야 願衆
生故라 此後二句에 或前句是因이요 後句是果니 如云所行無逆
하야 成一切智等이며 或二俱是因이니 如云巧事師하야 長習行善
法等이며 或二俱佛果니 如云永離煩惱하야 究竟寂滅等이며 或俱

通因果니 如云以法自娛하야 了妓非實等이며 或三四二句가 共
成一句니 如云演說種種의 無乖諍法等이라 亦可後 二句中에 初
句는 所入法이니 如云知家性空等이요 後句는 所成益이니 免逼迫
等이라 以不必具일새 故合爲一하니라

두 번째는 경문의 뜻을 통틀어 나타낸 것이다.
그러나 이 모든 서원이 구절은 비록 네 구절이 있지만 사실(事)은
다만 세 가지 사실만 있을 뿐이니,
뜻으로 열어 여섯 가지로 하겠다.[198]
세 가지 사실이라고 말한 것은 말하자면 처음 구절은 서원이 의지할
바 사실이요
다음 구절은 서원이 작위할 바 경계요
뒤에 두 구절은 서원의 경계가 이익을 이룰 바이다.[199]

열어서 여섯 가지로 하겠다고 한 것은 처음 사실에 두 가지가 있나니
첫 번째는 안(內)이니 말하자면 보살의 자신과 육근六根[200]과 육식
등이니
경에 말하기를[201] 보살 등이라고 한 까닭이요

---

198 원문에 위육爲六이란, 初句에 二, 次句에 二, 後二句에 二이니 六이다.
199 뒤에 두 구절 운운은 영인본 화엄 5책, p.170, 4행에 원소위경願所爲境이
 성이익成利益이라 한 것이 이것이다.
200 원문에 근根이란, 앞에 自身이 있으니 오근五根이라 해야 한다. 그러나
 통념상 육근六根이라 하였다.

두 번째는 밖(外)이니 말하자면 다른 사람의 몸과 혹은 의보와 정보와
생활을 돕는 기구 등이니,
경에 말하기를 집에 있을 때 등이라고 한 까닭이다.
다음에 사실도 또한 두 가지가 있나니,
첫 번째는 능히 발원하는 사람이요
두 번째는 발원할 바 중생이니,
경에 말하기를 마땅히 원컨대 중생이라고 한 까닭이다.

뒤에 사실도 또한 두 가지가 있나니,
첫 번째는 스스로 이익하는 것이니
이 모든 서원을 인유하여 앞에 모든 공덕을 성취하는 까닭이요
두 번째는 다른 사람을 이익케 하는 것이니
이 발원을 인유하여 중생에게 서원하여 주는 까닭이다.
이 뒤의 이구二句[202]에 혹 앞에 구절은 원인이요
뒤에 구절은 과보이니,
저 경[203]에 말하기를 행하는 바가 어긋남이 없어서 일체 지혜를
성취한다고 한 등이며
혹은 두 구절[204]이 함께 원인이니

201 경에 말했다는 것은 영인본 화엄 5책, p.174, 3행이다.
202 원문에 차후이구此後二句란, 당원중생當願衆生 아래에 二句니, 곧 제삼구第三
    句와 제사구第四句이다.
203 저 경이란, 영인본 화엄 5책, p.209, 3행이다.
204 원문에 혹이或二라고 한 것은 제삼구第三句와 제사구第四句이다.

저 경[205]에 말하기를 스승을 교묘하게 섬겨 선법을 닦아 익힌다고 한 등이며

혹은 두 구절이 함께 불과佛果이니

저 경[206]에 말하기를 영원히 번뇌를 떠나 구경에 적멸하다고 한 등이며

혹은 함께 인과에 통하나니

저 경[207]에 말하기를 법으로써 스스로 즐거워하여 기악妓樂이 진실이 아님을 요달한다고 한 등이며

혹은 삼구와 사구의 두 구절이 함께 일구一句를 이루나니,

저 경[208]에 말하기를 가지가지 어기거나 다툼이 없는 법을 연설한다고 한 등이다.

또한 가히 뒤의 두 구절 가운데 처음 구절은 들어갈 바 법이니

저 경[209]에 말하기를 집의 자성이 공한 줄 안다고 한 등이요

뒤에 구절은 이룰 바 이익이니

핍박을 면한다고 한 등이다.

반드시 다 갖추어진 것은 아니기에[210] 그런 까닭으로 합하여 하나

---

205 저 경이란, 영인본 화엄 5책, p.177, 3행이다.

206 저 경이란, 위의 책 p.177, 6행이다.

207 저 경이란, 위의 책 p.174, 7행이니, 이상에 페이지는 다 영인본 화엄 5책 페이지이다.

208 저 경이란, 역시 위의 책 p.177, 2행이다.

209 저 경이란, 역시 위의 책 p.174, 3행이다.

210 반드시 다 갖추어진 것은 아니다고 한 등은 그 뜻에 말하기를 이미 처음 구절은 들어갈 바 법이고 뒤에 구절은 이룰 바 이익이라고 하였다면 곧

를 삼았다.[211]

三은 別開義類라 然上三事中에 願所依事는 雖有多類나 不出善惡이니 依正內外는 隨義準之니라 二에 願所爲境은 其一一願이 盡該法界의 一切有情이니 不同權小의 談有藏無故니라 又願卽是行이니 成迴向故며 一一皆成所行淸淨善業行故니 如云知家性空은 則菩薩之心이 必詣空矣니라 三에 願所爲境이 成利益中에 由願於他가 成種種德하야 自獲如前에 所說功德이라 然有二義하니 一通二別이라 通則隨一一願하야 成上諸德이니 斯爲正意라 二에 別顯者는 如願於他가 得堅固身하야 心無所屈하면 則自必成十種三業이 離過成德之德也요 二는 願於他具足成滿一切善法하면 則自成就堪傳法器요 三은 願於他深入經藏하야 智慧如海하면 則自成衆慧요 四는 願於他具諸方便하야 得最勝法하면 則自成就具道因緣이요 五는 願於他語業滿足하야 巧能演說하면 則自成就十善巧德이요 六은 願於他得善意欲하야 洗除惑垢하면 則自成七覺三空이요 七은 願於他所作皆辨하야 具諸佛法하면 則自成滿

응당 열어서 두 가지로 할 것이지만, 지금에 합하여 하나의 사실로 한 것은 처음에 서원은 비록 그렇지만 나머지는 반드시 다 그런 것은 아닌 까닭이다. 역시 『잡화기』의 말이다.

211 합하여 하나를 삼았다고 한 것은 뒤에 두 구절을 합하여 하나로 하였다는 것이다.

菩薩行德이요 八은 願於他捨衆聚法하고 成一切智하면 則自成就
如來의 十種智力이요 九는 願於他皆如普賢하야 端正嚴好하면 則
自成就十王敬護요 十은 願於他統理大衆하야 一切無礙하면 則
自成饒益하야 爲依救德이요 十一은 願他得第一位하야 入不動法
하면 則自成就超勝第一德이라 以斯十一로 配上答中에 總別十
一段하니 文並可知라 通別交絡하야 應成四句니 謂一切願成一
德하며 一切願成一切德等이니 以因願一多相卽일새 故成德亦一
多鎔融하니라

세 번째는 뜻의 유형을 따로 개설한 것이다.
그러나 위에 세 가지 사실[212] 가운데 처음 구절은 서원이 의지할
바 사실이라고 한 것은 비록 많은 유형이 있지만 선·악을 벗어나지
않나니
의보와 정보와 안과 밖은[213] 뜻에 따라 기준할 것이다.
두 번째 구절에[214] 서원이 작위할 바 경계라고 한 것은 그 낱낱
서원이 법계의 일체 유정을 다 갖추었나니
권교와 소승에서 유有를 말하고 무無를 감춘[215] 것과는 같지 않은

---

212 위의 세 가지 사실이란, 영인본 화엄 5책, p.168, 5행에 있다.
213 의보와 정보 운운한 것은, 의보와 정보는 초사初事 가운데 제 두 번째 혹
   의보와 정보와 생활을 돕는 기구라 한 것이다. 안과 밖이라고 한 것은
   초사 가운데 첫 번째 안과 두 번째 밖이다.
214 원문에 동이同二라 한 동同 자는 없어야 한다. 따라서 지우고 번역하였다.
215 유有를 말하고 무無를 감춘다고 한 것은 권교인權敎人이니 말하자면 『열반

까닭이다.

또 서원은 곧 이 행이니 회향을 이루는 까닭이며

낱낱이 다 수행한 바 청정한 선업의 행을 이루는 까닭이니

저 경에²¹⁶ 말하기를 집의 자성이 공한 줄 안다고 한 것은 곧 보살의

마음이 반드시 공에 나아가는 것이다.

세 번째 뒤에 두 구절은²¹⁷ 서원의 작위할 바 경계가 이익을 이루는

가운데 다른 사람이 가지가지 공덕을 이루기를 서원하여 줌을 인유

하여 스스로 앞에서 말한 바와 같은 공덕을 얻는 것이다.

그러나 두 가지 뜻이 있나니

첫 번째는 통틀어 나타낸 것이요

두 번째는 따로 나타낸 것이다.

통틀어 나타내었다고 한 것은 곧 낱낱 서원을 따라 위에 모든 공덕을

이루는 것이니 이것이 정의正意가 되는 것이다.

두 번째 따로 나타낸다고 한 것은 다른 사람이 견고한 몸을 얻어

마음이 굴복하는 바가 없기를 서원하여 준다면 곧 스스로 반드시

열 가지 삼업이 허물을 떠나 덕을 이루는 공덕을 이룰 것이요

두 번째는 다른 사람이 일체 선한 법을 구족하고 성만하기를 서원하

여 준다면 곧 스스로 법을 전함에 감당할 그릇을 성취할 것이요

경』에서 일체중생이 다 불성이 있다고 말한 것은 중생을 칭찬하고자 한
것이지만 그 실은 불성이 없는 사람도 있다고 한 것은 일체중생이 다 불성이
있다고 한 가운데 감춰져 있다 운운하였으니 강자권菫字卷 15장에 있다.

216 저 경이란, 영인본 화엄 5책, p.174, 3행이다.

217 뒤에 두 구절이란, 삼구와 사구이다.

세 번째는 다른 사람이 경장에 깊이 들어가 지혜가 바다와 같기를 서원하여 준다면 곧 스스로 수많은 지혜를 이룰 것이요

네 번째는 다른 사람이 모든 방편을 구족하여 가장 수승한 법을 얻기를 서원하여 준다면 곧 스스로 도의 인연을 구족함을 성취할 것이요

다섯 번째는 다른 사람이 어업語業이 만족하여 선교로 능히 연설하기를 서원하여 준다면 곧 스스로 열 가지 선교의 공덕을 성취할 것이요

여섯 번째는 다른 사람이 선의善意의 욕망을 얻어 번뇌의 때를 씻어 제멸하기를 서원하여 준다면 곧 스스로 칠각분과 삼공을 성취할 것이요

일곱 번째는 다른 사람이 지을 바를 다 갖추어 모든 불법을 구족하기를 서원하여 준다면 곧 스스로 보살의 수행 공덕을 성취하여 만족할 것이요

여덟 번째는 다른 사람이 수많은 모인법(衆聚法)을 버리고 일체 지혜를 이루기를 서원하여 준다면 곧 스스로 여래의 열 가지 지혜의 힘을 성취할 것이요

아홉 번째는 다른 사람이 다 보현보살과 같아서 단정하게 장엄하여[218] 좋아하기를 서원하여 준다면 곧 스스로 십왕이 공경하고 수호함을 성취할 것이요

열 번째는 다른 사람이 대중을 통리하여 일체에 걸림이 없기를 서원하여 준다면 곧 스스로 요익케 함을 성취하여 의지할 바가

---

218 단정하게 장엄한다고 한 것은 즉 삼십이상으로 단정하게 장엄한다는 것이다.

되고 구호할 바가 되는 공덕을 성취할 것이요

열한 번째는 다른 사람이 제일위第一位를 얻어 움직이지 않는 법에 들어가기를 서원하여 준다면 곧 스스로 뛰어나고 수승한 제일의 공덕을 성취할 것이다.

이 열한 가지로서 위에 답한 가운데 총總과 별別의 십일단을 배속하였으니

문장은 아울러 가히 알 수가 있을 것이다.[219]

통틀어 나타내고 따로 나타낸 것이 서로 이어져 응당 사구四句를 이룰 것이니

말하자면 일체서원[220]이 한 공덕을 성취하며 일체서원이 일체공덕을 성취하는 등[221]이니

서원의 일一과 다多가 서로 즉함을 인유하기에 그런 까닭으로 공덕을 성취하는 것도 또한 일一과 다多가 용해鎔解되어 원융한 것이다.

---

219 문장은 아울러 가히 알 수가 있을 것이라고 한 것은 앞에 영인본 화엄 5책, p.164, 5행에 총總이 一이니 일체승묘공덕一切勝妙功德이요 별別이 十이니 十一이 되는 것임을 알 수 있다는 것이다.

220 일체서원이 운운은 만약 한 서원이 일체공덕을 성취하는 것과 한 서원이 한 공덕을 성취하는 것은 상문에 이미 나타난 까닭으로 여기는 다만 두 구절만 거론한 것뿐이다. 역시 『잡화기』의 말이다.

221 등이란, 한 공덕이 일체서원을 성취하며 일체공덕이 일체서원을 성취한다는 것을 등취하고 있다 하겠다.

鈔

不同權小等者는 小乘謂唯佛一人이 有大覺性이라하며 權卽五性하
야 談其有者하고 藏其無者하야 在有佛性中故라하며 又云通別類異
니 通卽皆有요 別則有有佛性하고 有無佛性이라하니라

권교와 소승에서 유를 말하고 무를 감춘 것과는 같지 않다고 한
등은 소승은 말하기를 오직 부처님 한 분만이 대각의 자성이 있다
하였으며
권교는²²² 오성五性에 즉하여 그 유를 말하고 그 무를 감추어 불성이
있는 사람 가운데 있는 까닭이다 하였으며
또 말하기를 통석과 별석의 유형이 다르나니 통석으로는 다 있고
별석으로는 곧 불성이 있는 사람도 있고 불성이 없는 사람도 있다
하였다.

---

222 권교는 오성에 즉한다고 한 등은 말하자면 권교의 사람이 성교性敎에서
일체중생이 다 불성이 있다고 하는 말을 듣고 일러 말하기를 이실理實의
삼분三分의 반半은 불성이 없고 오직 일분一分의 반半만 불성이 있거늘
지금에는 다 불성이 있다고 한 것은 이것은 반드시 불성이 없는 것을 불성이
있는 가운데 감추어 두어 은연히 설하지 않는 것이라 하였다. 바로 아래
통석과 별석도 또한 그러하나니 저 권교의 사람이 말하기를 일체중생이
다 불성이 있다고 한 것은 다만 이 통설일 뿐이고 만약 별설이라면 곧
혹은 있는 사람도 있고 혹은 없는 사람도 있다 하였다. 그러나 있는 것을
말하고 없는 것을 감춘 것은 이것은 권교家에서 말한 것이지만 소승도
그렇다고 한 것은 이 통설인 까닭이니 대개 소승은 곧 부처님 한 사람만
불성이 있을 뿐이라고 말하는 까닭이다. 이상은 다 『잡화기』의 말이다.

疏

四는 對辨成例니 謂若以初後二事로 相對辨例하면 略有十例라
一은 會事同理例니 如菩薩在家는 事也요 性空은 理也라 二는 處
染翻染例니 如若得五欲은 染也요 拔除欲箭은 翻染也라 三은 相
似類同例니 如若有所施인댄 令一切能捨等이라 四는 世同出世
例니 如上升樓閣에 願升正法樓等이라 五는 以因同果例니 如正
出家時에 願同佛出家等이라 六은 捨僞歸眞例니 如著瓔珞에 願
到眞實處等이라 七은 以人同法例니 如見病人에 願離乖諍等이라
八은 以境成行例니 如見涌泉에 願善根無盡等이라 九는 以妄歸
眞例니 如見婆羅門에 願離惡等이라 十은 以近同遠例니 如受和
尙敎에 願到無依處等이라

네 번째는 상대하여 분별하여 예例를 성립한 것이니
말하자면 만약 처음과 뒤의[223] 이사二事로써 상대하여 예를 분별한다
면 간략하게 열 가지 예가 있다.
첫 번째는 사실을 모아 진리와 같게 하는 예이니
보살이 집에 있을 때라고 한 것과 같은 것은 사실이요 자성이 공하다
고 한 것은 진리이다.
두 번째는 더러운 곳에 거처하지만 더러운 것을 번복하게 하는
예이니

---

[223] 처음과 뒤라고 한 것은 삼사三事 가운데 처음은 원소의사願所依事이고 뒤는
원경성익願境成益이다.

만약 오욕을 얻을 때라고 한 것과 같은 것은 더러운 것이요 욕망의
화살을 빼어 제멸한다고 한 것은 더러운 것을 번복하는 것이다.
세 번째는 서로 흡사하여 유형이 같게 하는 예이니
만약 보시하는 일이 있을 때는 일체중생으로 하여금 능히 버리게
하는 등과 같은 것이다.
네 번째는 세간이 출세간과 같게 하는 예이니
누각 위로 오를 때에 정법의 누각에 오르기를 서원하는 등과 같은
것이다.
다섯 번째는 원인이 결과와 같게 하는 예이니
바로 출가할 때에 부처님과 같이 출가하기를 서원하는 등과 같은
것이다.
여섯 번째는 거짓을 버리고 진실에 돌아가게 하는 예이니
영락을 찰 때에 진실한 처소에 이르기를 서원하는 등과 같은 것이다.
일곱 번째는 사람이 진리와 같게 하는 예이니
병든 사람을 볼 때에 어기거나 다툼을 떠나기를 서원하는 등과
같은 것이다.
여덟 번째는 경계가 수행을 이루게 하는 예이니
샘솟는 물을 볼 때에 선근이 끝이 없기를 서원하는 등과 같은 것이다.
아홉 번째는 허망이 진실에 돌아가게 하는 예이니
바라문을 볼 때에 악을 버리기를 서원하는 등과 같은 것이다.
열 번째는 가까운 것이 먼 것과 같게 하는 예이니
화상和尚의 가르침을 받을 때에 의지할 것 없는 곳에 이르기를 서원하
는 등과 같은 것이다.

疏

五는 正釋經文이라 長分爲十하리니 初에 有十一願은 明在家時願
이요 二에 有十五願은 出家受戒時願이요 三에 有七願은 就坐禪觀
時願이요 四에 有六願은 明將行披挂時願이요 五에 有七願은 澡漱
盥洗時願이요 六에 有五十五願은 明乞食道行時願이요 七에 有二
十二願은 明到城乞食時願이요 八에 有五願은 明還歸洗浴時願
이요 九에 有十願은 明習誦旋禮時願이요 十에 有三願은 明寢寐安
息時願이라

다섯 번째는 바로 경문을 해석한 것이다.
크게 나누어 열 가지로 하리니
처음에 열한 가지 서원이 있는 것은 집에 있을 때의 서원을 밝힌
것이요
두 번째 열다섯 가지 서원이 있는 것은 출가하여 수계受戒할 때의
서원이요
세 번째[224] 일곱 가지 서원이 있는 것은 좌선坐禪함에 나아가 관찰할
때의 서원이요
네 번째 여섯 가지 서원이 있는 것은 장차 출행하려고 옷을 입을[225]
때의 서원이요
다섯 번째 일곱 가지 서원이 있는 것은 양치하고 세수하고 세면할[226]

---

224 세 번째 운운은 영인본 화엄 5책, p.183, 1행이다.
225 원문에 피괘披挂는 옷을 입다, 걸치다의 뜻이다.

때의 서원이요

여섯 번째 오십다섯 가지 서원이 있는 것은 걸식하려고 길을 갈 때의 서원을 밝힌 것이요

일곱 번째 스물두 가지 서원이 있는 것은 성에 이르러 걸식할 때의 서원을 밝힌 것이요

여덟 번째 다섯 가지 서원이 있는 것은 걸식하고 돌아가 목욕할 때의 서원을 밝힌 것이요

아홉 번째 열 가지 서원이 있는 것은 송주하고 돌면서 예경 할 때의 서원을 밝힌 것이요

열 번째 세 가지 서원이 있는 것은 깨어나고 자면서 안식할 때의 서원을 밝힌 것이다.

---

226 원문에 조수澡漱는 양치하는 것이고, 관盥은 관수盥手이니 세수하는 것이고, 세洗는 세면洗面하는 것이다.

經

佛子야

菩薩在家에　當願衆生이
知家性空하야 免其逼迫하며

孝事父母에　當願衆生이
善事於佛하야 護養一切하며

妻子集會에　當願衆生이
怨親平等하야 永離貪著하며

若得五欲인댄 當願衆生이
拔除欲箭하야 究竟安隱하며

妓樂聚會에　當願衆生이
以法自娛하야 了妓非實하리다

불자여,
보살이 집에 있을 때에
마땅히 중생이
집의 자성이 공한 줄 알아
그 핍박 면하기를 서원하며

부모에게 효도하고 섬길 때에
마땅히 중생이
부처님을 잘 섬겨
일체중생을 보호하고 봉양하기를 서원하며

아내와 자식이 모일 때에
마땅히 중생이
원수와 친한 이가 평등하여
영원히 탐욕과 애착을 떠나기를 서원하며

만약 오욕을 얻었다면
마땅히 중생이
욕망의 화살을 빼어 제멸하여
구경에 안은하기를 서원하며

기악妓藥인이 모일 때에
마땅히 중생이
법으로써 스스로 즐거워하여
기악이 진실이 아님을 요달하기를 서원할 것입니다.

經

若在宮室인댄 當願衆生이
入於聖地하야 永除穢欲하며

著瓔珞時에　當願衆生이
捨諸僞飾하야 到眞實處하며

上昇樓閣에　當願衆生이
昇正法樓하야 徹見一切하며

若有所施인댄 當願衆生이
一切能捨하야 心無愛著하며

衆會聚集에　當願衆生이
捨衆聚法하야 成一切智하며

若在厄難인댄 當願衆生이
隨意自在하야 所行無礙하리다

만약 궁실에 있다면
마땅히 중생이
성인의 지위에 들어가
영원히 더러운 욕망을 제멸하기를 서원하며

영락을 찰 때에
마땅히 중생이
모든 거짓으로 꾸민 것을 버려
진실한 처소에 이르기를 서원하며

누각 위에 오를 때에
마땅히 중생이
정법의 누각 위에 올라[227]
일체를 사무쳐 보기를 서원하며

만약 보시할 바가 있다면
마땅히 중생이
일체를 능히 버려
마음에 애착이 없기를 서원하며

대중이 모일 때에
마땅히 중생이
수많은 모인 법을 버려
일체 지혜를 성취하기를 서원하며

---

227 승상昇上이라 한 상上 자는 소본에 정正 자로 되어 있다. 즉 정법의 누각에
오른다는 것이다. 그렇다면 여기서 上 자도 최상으로 보아 가장 높은 법의
누각에 오른다고 해석해도 된다 하겠다. 나는 正 자로 해석하였다.

만약 액난이 있다면
마땅히 중생이
뜻을 따라 자재하여
행하는 곳이 걸림이 없기를 서원할 것입니다.

疏

今初在家에 有十一願이라 初一은 總擧在家니 以家是貪愛의 擊
縛所故라 若了性空인댄 則雖處居家나 家不能迫이라 次一은 在家
行孝願이니 以是至德行本故로 首而明之니라 大集經云호대 世若
無佛인댄 善事父母하라 事父母者는 即是事佛이니 父母於我에 爲
先覺故라하니라 今翻令事佛者는 生長法身故라 護養一切者는 一
切衆生이 皆我子일새 故護之하고 一切男女가 皆我父母일새 故養
之하고 生生에 無不從之受身일새 故平等敬之니 法身佛故니라

지금은 처음으로 집에 있을 때라고 한 것에 열한 가지 서원이 있다.
처음에 한 가지 서원은 모두 집에 있을 때를 거론한 것이니
집이 탐욕과 애착으로 얽어매는 처소인 까닭이다.
만약 집의 자성이 공한 줄 알면 곧 비록 집에 거처하지만 집에
능히 핍박당하지 않을 것이다.

다음에 한 가지 서원은 집에 있을 때에 효를 행하는 서원이니
이것은 지극한 덕이며 행의 근본인 까닭으로 첫머리에 밝혔다.

『대집경大集經』에 말하기를 세상에 만약 부처님이 없다면 부모를 잘 섬겨라.

부모를 잘 섬기는 것은 곧 부처님을 잘 섬기는 것이니

부모가 나에게 선각자가 되는 까닭이다 하였다.

지금에는 번복하여 하여금 부처님을 섬기게 한 것은 법신을 생장케 하는 까닭이다.

일체를 보호하고 봉양한다고 한 것은 일체중생이 다 나의 자식이기에 그런 까닭으로 보호하고,

일체 남녀가 다 나의 부모이기에 그런 까닭으로 봉양하고

세세생생에 그 부모를 좇아 몸을 받지 아니함이 없기에 그런 까닭으로 평등하게 공경하는 것이니

법신불인 까닭이다.

鈔

以是至德等者는 卽外典意라 故孝經에 夫子가 語曾子曰호대 先王이 有至德要道일새 民用和睦하고 上下無怨하니 汝知之乎아하니라 注云호대 至德者는 孝悌也요 要道者는 禮樂也라 故上至天子하고 下至庶人히 皆當行孝를 無始終也라하니라 言行本者는 俗典은 以孝爲百行之本일새 下引佛敎證이니 菩薩戒亦云호대 孝養師僧父母니 孝名爲戒며 亦名制止라하니라

이것은 지극한 덕이라고 한 등은 곧 외전의 뜻이다.

그런 까닭으로 『효경孝經』에 공자가 증자에게 말하기를 선왕先王이
지극한 덕과 중요한 도가 있기에 백성이 그것으로써 화목하고 상하
가 원망이 없나니 그대는 그것을 알겠는가 하였다.
주主에 말하기를 지극한 덕이라고 한 것은 효행과 공경[228]이요,
중요한 도라고 한 것은 예禮와 악樂이다.
그런 까닭으로 위로는 천자에게 이르고 아래로는 백성에 이르기까지
다 마땅히 효를 행하기를 시작도 끝도 없이 하라 한 것이다.

행의 근본이라고 말한 것은 위에 외전(俗典)은 효행으로 백행의
근본을 삼기에 아래에 불교를 인용하여 증거한 것이니,
보살계에 또한 말하기를 스승과 부모에게 효도하고 공양할 것이니
효도는 이름이 계가 되며 또한 이름이 제지制止가 된다 하였다.

疏

次四는 受家室等願이니 然이나 五欲射心이 猶如箭中이요 王侯有
宮거니와 餘皆名室이라 次五는 在家所作事業等願이니 在頸曰瓔
이요 在身曰珞이니 珞以持衣하고 瓔以繫冠이라 一切悉捨하면 亦
捨心也요 了聚無性하면 成佛智也니라

다음에 네 가지 서원[229]은 집에 궁실 등을 받는 서원이니

---

228 悌는 공경할 제 자이다.
229 원문에 사원四願이란, 第三願 이하에 四願이다.

그러나 오욕으로[230] 마음을 쏘는 것이 비유하자면 화살로 쏘아 맞추는
것과 같은 것이요,

왕후는[231] 궁궐에 있거니와 나머지 사람들은 다 집이라 이름함이
있을 뿐이다.

다음에 다섯 가지 서원은 집에 있을 때에 짓는 바 사업 등의 서원이니
목에 있는 것을[232] 영纓이라 말하고 몸에 있는 것을 낙珞이라 말하는
것이니,

낙으로 몸의 옷에 부지하고 영으로 머리의 관을 매는 것이다.

일체를 다 버리면[233] 또한 마음에 애착을 버릴 것이요,

수많은 모임이[234] 자성이 없는 줄 요달하면 부처님의 지혜를 성취할
것이다.

---

230 오욕 운운은 第四願이다.

231 왕후 운운은 第六願이다.

232 목에 운운은 第七願이다.

233 일체 운운은 第九願이다.

234 수많은 운운은 第十願이다.

經

捨居家時에   當願衆生이
出家無礙하야 心得解脫하며

入僧伽藍에   當願衆生이
演說種種의   無乖諍法하며

詣大小師에   當願衆生이
巧事師長하야 習行善法하며

求請出家에   當願衆生이
得不退法하야 心無障礙하며

脫去俗服에   當願衆生이
勤修善根하야 捨諸罪軛하며

剃除鬚髮에   當願衆生이
永離煩惱하야 究竟寂滅하며

著袈裟衣에   當願衆生이
心無所染하야 具大仙道하며

正出家時에   當願衆生이
同佛出家하야 救護一切하리다

거처하던 집을 버릴 때에
마땅히 중생이
출가하여 걸림이 없어
마음에 해탈을 얻기를 서원하며

스님의 가람伽藍에 들어갈 때에
마땅히 중생이
가지가지
어기거나 다툼이 없는 법을 연설하기를 서원하며

큰 스승이거나 작은 스승에게 나아갈 때에
마땅히 중생이
스승을 교묘하게 섬겨
선법을 익혀 행하기를 서원하며

출가를 청구할 때에
마땅히 중생이
물러나지 않는 법을 얻어
마음에 장애가 없기를 서원하며

속복을 벗을 때에
마땅히 중생이
선근을 부지런히 닦아

모든 죄의 멍에[235]를 버리기를 서원하며

수염과 머리털을 깎아[236] 없앨 때에
마땅히 중생이
영원히 번뇌를 떠나
구경에 적멸하기를 서원하며

가사袈裟 옷을 입을 때에
마땅히 중생이
마음에 물드는 바가 없어서
큰 선도仙道를 갖추기를 서원하며

바로 출가할 때에
마땅히 중생이
부처님같이 출가하여
일체중생을 구호하기를 서원할 것입니다.

---

235 軛은 멍에 액이니, 수레 앞에 횡목横木이다. 즉 죄인을 매달아 몸을 누르는
  것이 마치 소가 무거운 짐을 받아 싣고 가는 것과 같다 하겠다. 역시 『잡화
  기』의 말이다.
236 剃는 '깎을 체' 자이다.

經

自歸於佛에　當願衆生이
紹隆佛種하야 發無上意하며

自歸於法에　當願衆生이
深入經藏하야 智慧如海하며

自歸於僧에　當願衆生이
統理大衆호대 一切無礙하며

受學戒時에　當願衆生이
善學於戒하야 不作衆惡하며

受闍梨敎에　當願衆生이
具足威儀하야 所行眞實하며

受和尙敎에　當願衆生이
入無生智하야 到無依處하며

受具足戒에　當願衆生이
具諸方便하야 得最勝法하리다

스스로 부처님께 귀의할 때에
마땅히 중생이

부처님의 종자를 이어 융성하게 하여
더 이상 없는 뜻을 일으키기를 서원하며

스스로 법에 귀의할 때에
마땅히 중생이
경장經藏에 깊이 들어가
지혜가 바다와 같기를 서원하며

스스로 스님에게 귀의할 때에
마땅히 중생이
대중을 통치[237]하되
일체에 걸림이 없기를 서원하며

계를 받아 배울 때에
마땅히 중생이
계를 잘 배워
수많은 악을 짓지 않기를 서원하며

아사리의 가르침을 받을 때에
마땅히 중생이
위의를 구족하여

---

237 이理는 여기서는 다스릴 치治 자의 뜻이다.

소행所行이 진실하기를 서원하며

화상의 가르침을 받을 때에
마땅히 중생이
무생지無生智에 들어가
의지할 곳 없는 곳에 이르기를 서원하며

구족계를 받을 때에
마땅히 중생이
모든 방편을 구족하여
가장 수승한 법을 얻기를 서원할 것입니다.

疏

第二에 捨居家下는 出家受戒時에 有十五願하니 初一은 正捨俗
家요 次三은 出家方便이라 僧伽藍者는 此云衆園이니 衆有六和法
하야 則事理一味일새 故無諍也니라 大師謂佛이니 衆所宗故요 小
謂和尙이니 親所敎故니라 若約末世인댄 三師爲大요 七證爲小라
靡不有初나 鮮克有終일새 故希不退니라 次四는 正落髮出家니
袈裟者는 不正色衣也며 亦云染色니 表心染於法이나 要無所染
하야사 方曰染也라 然二乘之染은 亦非眞染이니 必心染大乘일새
故云具大仙道라하니라 爲於正法하야 除其結使하야사 方爲究竟
寂滅하고 落髮披衣之後에사 爲正出家니라

제 두 번째 거처하던 집을 버릴 때라고 한 아래는 출가하여 계를
받을 때에 열다섯 가지 서원이 있나니
처음에 한 가지 서원은 바로 속가를 버리는 것이요
다음에 세 가지 서원은 출가할 방편이다.
스님의 가람이라고 한 것은 여기에서 말하면 스님들이 사는 원정園庭
이니,
스님들이 사는 원정에 여섯 가지 화합법(六和法)[238]이 있어서 곧 사실
과 진리가 한맛이기에 그런 까닭으로 다툼이 없는 것이다.
큰 스승이라고 한 것은 말하자면 부처님이니 대중이 조종하는 바인
까닭이요
작은 스승이라고 한 것은 말하자면 화상이니 친히 가르치는 바인
까닭이다.
만약 말세를 잡는다면 삼사三師가 큰 스승이 되고 칠증사七證師가
작은 스승이 되는 것이다.
처음이[239] 있지 아니함이 없지만 능히 마침이 있기는 드물기에 그런
까닭으로 물러나지 아니함을 희구하는 것이다.

다음에 네 가지 서원은 바로 머리를 깎고 출가하는 것이니
가사라고[240] 하는 것은 부정색不正色의 옷이며 또한 말하기를 염색한

---

238 여섯 가지 화합법은 율자권律字卷 하권 47장을 볼 것이다.
239 처음이 운운은 第四願이다.
240 가사 운운은 第七願이다. 가사 운운은 여기 네 가지 게송 가운데 제 세
 번째 게송이고, 두 줄 뒤에 3행에 정법을 위하여라고 한 등은 여기 네

옷이니,

마음이 정법에 물들지만 물든 바가 없기를 요망하여야 바야흐로
물든다 말함을 표한 것이다.

그러나 이승의 물듦은 또한 진실한 물듦이 아니니 반드시 마음이
대승에 물들기에 그런 까닭으로 말하기를 큰 선도를 갖춘다 하였다.
정법을 위하여[241] 그 오결五結과 십사十使를 제멸하여야 바야흐로
구경에 적멸하고 머리를 깎고 가사 옷을 입은 이후에사 바른 출가가
되는 것이다.

鈔

然二乘等者는 卽涅槃第二니 南經哀歎品이라 佛訶三修比丘云호대
汝諸比丘는 勿以下心하야 而生知足하라 汝等今者에 雖得出家나 於
此大乘에 不生貪慕하며 汝諸比丘는 身雖得服袈裟染衣나 心猶未
染大乘淨法하며 汝諸比丘는 雖行乞食하야 經歷多處나 初未曾求大
乘法食하며 汝諸比丘는 雖除鬚髮이나 未爲正法으로 除諸結使니라
汝諸比丘야 今當眞實로 敎勅汝等하노니 我今現在에 大衆和合일새
如來法性은 眞實不倒니라 是故汝等은 應當精進하야 攝心勇猛하야
摧諸結使하라하니라 釋曰此以小乘으로 方大인댄 尚未能除所知無

가지 게송 가운데 제 두 번째 게송이니, 해석한 뜻이 차례로 되어 있지
않는 것은 법의 차례를 성립하고자 한 까닭이다. 말하자면 반드시 먼저
정법에 물들어야 바야흐로 오결五結과 십사十使를 끊고 적멸을 증득하는
까닭이다. 이상은 다 『잡화기』의 말이다.

241 정법을 운운은 第六願이다.

明하고 染法空法과 常住妙法일새 故云爾也니라

그러나 이승의 물듦이라고 한 등은 곧 『열반경』 제이권이니 남장경
은 애탄품이다.

부처님이 세 가지로 수행[242]하는 비구를 꾸짖어 말하기를 그대 모든
비구는 하심하여 만족할 줄 아는 마음을 내지 말라. 그대 등은
지금에 비록 출가함을 얻었지만 이 대승에 탐착하고 사모함을 내지
않았으며

그대 모든 비구는 몸이 비록 가사袈裟의 물들인 옷을 입음을 얻었지만
마음이 오히려 아직도 대승의 청정한 법에 물들지 않았으며

그대 모든 비구는 비록 걸식을 행하여 수많은 곳을 지나가지만
애초에 일찍이 대승의 법식을 구하지 않았으며

그대 모든 비구는 비록 수염과 머리를 깎아 제거하였지만 정법으로
모든 오결과 십사를 제거하지 못하였다.

그대 모든 비구야, 지금에 마땅히 진실로 그대 등에게 가르쳐 경계[243]
하노니

내가 지금 현재 대중으로 화합하기에 여래의 법성은 진실로 넘어지
지 않을 것이다.

이런 까닭으로 그대 등은 응당 정진하여 마음을 거두어 용맹스레
모든 오결과 십사를 꺾어라 하였다.

---

242 원문에 삼수三修는 무상수無常修, 비락수非樂修, 무아수無我修이다.

243 勑 자는 여기서는 勅 자와 同字이다. 또 다른 뜻은 "위로할 래"이다. 여기서는
"래" 자의 뜻이 아니다.

해석하여 말하면 이것은 소승으로써 대승에 비교하면 오히려 능히 소지所知의 무명도 제멸하지 못하고 법공의 법과 상주常住의 묘법을 물들이려 하기에 그런 까닭으로 그렇게 말한 것이다.[244]

疏

餘七은 受學戒時니 初三自歸니 佛在之日엔 則五受之一이어니와 佛滅之後엔 受五八戒인댄 必依三歸니라 歸要三者는 翻彼外道의 邪師邪敎와 及邪衆故니 猶如良醫良藥과 及看病人하야 煩惱病 愈故며 爲與衆生으로 爲緣念故니라 三寶之義는 至下當釋하리라 受學戒者는 卽十戒也며 亦通五戒니 優婆塞戒經云호대 欲受菩 薩戒인댄 先應遍受五戒十戒와 二百五十戒요 若尼인댄 則受六 事와 及五百戒라하니라 受謂受戒요 學卽隨戒니 願中에 卽止作二 持니라 闍梨者는 此云正行이니 軌範敎授일새 故云具足威儀라하 니라 和尙은 此云親敎며 亦云力生이니 道力이 自彼生故라 故翻云 入無生智라하며 依之得戒일새 故翻無依라하니라 具足戒言은 義 含二種이니 一은 則大比丘戒요 二는 則菩薩戒라 亦制意地하야사 方爲具足이니라

나머지 일곱 가지 서원은 계를 받아 배을 때이니
처음에 세 가지 서원은 스스로 삼보에 귀의[245]한 것이니

---

244 원문에 고운이야故云爾也라고 한 것은 부처님이 삼수三修 비구에게 꾸짖어
말한 것이다.

부처님이 계신 날에는 곧 삼귀의계가 오수五受[246]의 하나이거니와,
부처님이 열반하신 뒤에는 오계와 팔관계를 받고자 한다면 반드시
삼귀의계를 받아야 한다.

삼보에 귀의하기를 요망한 것은 저 외도의 삿된 스승과 삿된 가르침
과 그리고 삿된 대중을 번복하기 위한 까닭이니,

비유하자면 좋은 의사와 좋은 약과 그리고 간병하는 사람과 같아서
번뇌의 병을 낫게 하는 까닭이며 중생으로 더불어 반연하는 생각이
되게 하는 까닭이다.

삼보의 뜻은 아래에 이르러 마땅히 해석하겠다.

계를 받아 배운다고 한 것은 곧 십계이며 또한 오계에도 통하나니
『우바새계경』에[247] 말하기를 보살계를 받고자 한다면 먼저 응당
오계와 십계와 이백오십계를 두루 받아야 할 것이요

만약 비구니라면 곧 육사六事[248]와 그리고 오백계를 받아야 할 것이다
하였다.

---

245 원문에 자귀自歸란, 자귀삼보自歸三寶이다.

246 오수五受란, 鈔에 있다.

247 『우바새계경』은 7권으로 담무참 번역. 일명 『선생경』이니 재가 남자 신도가
지켜야 할 삼귀오계三歸五戒를 말한 경이다.

248 육사六事란, 六法戒이니 비구니가 되기 위하여 식차마나(正學女)가 2년 동안
지켜야 할 여섯 가지 계율이다. 六法戒는 1. 不染心相觸, 2. 不盜人四錢,
3. 不斷畜生命, 4. 不小妄語, 5. 不非時食, 6. 不飮酒이다. 즉 염심으로
남자와 서로 접촉하지 말고, 다른 사람의 돈을 사전四錢 이상 훔치지 말고,
축생의 목숨을 죽이지 말고, 실답지 않는 말(小妄語)을 하지 말고, 때 아닌
때 먹지 말고, 술을 마시지 말라는 것이다.

받는다고 한 것은 말하자면 계를 받는 것이요

배운다고 한 것은 곧 계를 따르는 것이니

서원 가운데 곧 지지止持와 작지作持의 이지二持[249]이다.

아사리阿闍梨[250]라고 한 것은 여기에서 말하면 바르게 행하는 사람(正行)이니

법으로 교수하기에 그런 까닭으로 위의를 구족한다 하였다.

화상이라고 한 것은 여기에서 말하면 친히 가르치는 사람이며,

또한 말하면 힘을 생기하는 사람이니 도력이 저 화상으로부터 생기하는 까닭이다.

그런 까닭으로 번복하여 말하기를 무생지無生智에 들어간다 하였으며,

그 화상을 의지하여 계를 얻기에 그런 까닭으로 번복하여 의지할 것 없는 곳이다 하였다.

구족계라고 말한 것은 뜻이 두 가지를 포함하였으니

첫 번째는 곧 대비구계요,

---

249 이지二持란, 止, 作이니 계율의 두 방면이다.

250 아사리는 사전에 교수敎授, 궤범軌範, 정행正行이라 함. 『잡화기』에 궤범이라고 한 것은 『화엄음의』에 말하기를 제자에게 궤칙軌則이 되고 사범師範이 되는 것이다 하였다. 그러나 다섯 종류의 아사리가 있으니 첫 번째는 갈마아사리이고, 두 번째는 위의威儀아사리이고, 세 번째는 의지依止아사리이고, 네 번째는 수경受經아사리이고, 다섯 번째는 십계十戒아사리라 하였다. 『오분율』에는 출가, 갈마, 교수, 수경, 의지아사리라 하였다.

두 번째는 곧 보살계이다.

또한 의지意地[251]를 제지制止하여야 바야흐로 구족계가 되는 것이다.

鈔

五受之一者는 一은 善來요 二는 上法이요 三은 三歸요 四는 八敬이요 五는 羯磨니 多釋不同이나 多依此五니라 歸要三者는 前歸敬序中에 已廣說竟이라 言至下當明者는 卽明法品이니 前是抄廣일새 故此指 下니라 和尙等者는 是昔時梵語니 卽龜茲已來梵言에 正云鄔波陀 耶은 此云親敎라 具足戒等者는 依比丘戒인댄 則五八十이 皆爲方 便이요 五衆之最가 爲最勝法이어니와 若菩薩戒로 爲具足인댄 則比 丘戒도 亦爲方便이요 超二乘上이 爲最勝法이니 願所成者는 明是佛 果니라

곧 오수의 하나라고 한 것은 첫 번째는 선래善來요,

두 번째는 상법上法이요,

세 번째는 삼귀의요,

네 번째는 팔경계요,

다섯 번째는 갈마羯磨이니

수많은 해석이 같지 않지만[252] 다분히 이 오수五受를 의지하였다.

---

251 의지意地란, 第六意識이다.

252 수많은 해석이 같지 않다고 한 것은 오수라는 이름이 수많은 종류로 같지 아니함이 있지만, 그러나 지금에는 초문에 열거한 바를 의지한다고 말하는

삼보에 귀의하기를 요망한 것이라고 한 것은 앞의 귀경서歸敬序²⁵³
가운데 이미 광설하여 마쳤다.

아래에 이르러 마땅히 해석하겠다고 한 것은 곧 명법품이니,
앞에 귀경서에는 초문鈔文에 광설하였기에 그런 까닭으로 여기에서
는 아래 명법품을 가리킨 것이다.
화상이라고 한 등은 이것은 옛날 구자국龜玆國²⁵⁴ 당시에 범어이니
곧 구자국 이래의 범어에 바로 말하기를 오파타야라고 한 것은
여기에서 말하면 친히 가르치는 사람이라는 것이다.

구족계²⁵⁵라고 한 등은 비구계를 의지한다면 곧 오계와 팔계와 십계가
다 방편이 되고 오부중五部衆²⁵⁶의 최고가 가장 수승한 법이 되거니와,

것이다. 역시 『잡화기』의 말이다.

253 귀경서歸敬序 운운은 곧 歸敬序廣說三寶鈔니 즉 귀경서에 삼보를 광설한
 초문이다.

254 구자국龜玆國이라고 한 것은 총령의 동쪽에 있나니 나습이 여기로 좇아
 온 까닭으로 말하는 것인가. 혹은 말하기를 국자국과 더불어 서역의 처소가
 다르고 이래已來와 더불어 석시라는 시간이 다르니 그 뜻에 말하기를 서역의
 석시에는 화상이라 말하고, 구자국의 금시에는 오파타야라 말한다 하니
 그 말이 정밀하지도 자세하지도 않다 하겠다. 역시 『잡화기』의 말이다.

255 구족계라고 한 것은 구족계에 두 가지 뜻이 있나니 처음에는 오부중의
 계 가운데 오직 이 비구계만이 구족계라는 이름을 얻는 것이고, 두 번째는
 비구계가 도리어 방편이 되고 오직 보살계만이 구족계라 이름함을 얻는
 것이다. 역시 『잡화기』의 말이다.

256 오부중五部衆이란, 비구, 비구니, 식차마나, 사미, 사미니이다.

만약 보살계로 구족계를 삼는다면 곧 비구계도 또한 방편이 되고
이승의 분상을 뛰어나는 것이 가장 수승한 법이 되나니
이룰 바를 서원하는 것[257]은 분명히 이 불과佛果인 것이다.

---

[257] 원문에 願所成이라고 한 것은 戒之所成은 究竟佛果니 즉 계의 이룰 바는
구경에 불과인 것이다.

經

若入堂宇인댄 當願衆生이
昇無上堂하야 安住不動하며

若敷床座인댄 當願衆生이
開敷善法하야 見眞實相하며

正身端坐에　當願衆生이
坐菩提座하야 心無所著하며

結跏趺坐에　當願衆生이
善根堅固하야 得不動地하며

修行於定에　當願衆生이
以定伏心하야 究竟無餘하며

若修於觀인댄 當願衆生이
見如實理하야 永無乖諍하며

捨跏趺坐에　當願衆生이
觀諸行法이　悉歸散滅하리다

만약 당우에 들어간다면
마땅히 중생이

더 이상 없는 당우에 올라가
편안히 머물러 움직이지 않기를 서원하며

만약 상좌床座를 편다면
마땅히 중생이
선한 법을 열어 펼쳐
진실한 모습을 보기를 서원하며

몸을 바르게 하여 단정히 앉을 때에
마땅히 중생이
보리의 자리에 앉아
마음에 집착하는 바가 없기를 서원하며

결가부좌할 때에
마땅히 중생이
선근이 견고하여
부동지 얻기를 서원하며

선정을 수행할 때에
마땅히 중생이
선정으로써 마음을 조복 받아
구경에 남음이 없기를 서원하며

만약 관법을 수행한다면
마땅히 중생이
여실한 진리를 보아서
영원히 어기거나 다툼이 없기를 서원하며

가부좌를 펼 때에
마땅히 중생이
모든 행위의 법이
다 흩어져 소멸함에 돌아가는 줄 관찰하기를 서원할 것입니다.

疏

第三에 若入堂下七願은 明就坐禪觀時願이니 初四는 爲修方便
이요 次二는 正修止觀이요 後一은 修行事訖이라

제 세 번째 만약 당우에 들어간다면이라고 한 아래에 일곱 가지
서원은 좌선함에 나아가 관찰할 때의 서원을 밝힌 것이니
처음에 네 가지 서원은 방편을 닦는 것이 되고,
다음에 두 가지 서원은 바로 지止·관觀을 닦는 것이 되고,
뒤에 한 가지 서원은 수행의 일을 마치는 것이 되는 것이다.

經

下足住時에　　當願衆生이
心得解脫하야 安住不動하며

若擧於足인댄 當願衆生이
出生死海하야 具衆善法하며

著下裙時에　　當願衆生이
服諸善根하야 具足慚愧하며

整衣束帶에　　當願衆生이
檢束善根하야 不令散失하며

若著上衣인댄 當願衆生이
獲勝善根하야 至法彼岸하며

著僧伽梨에　　當願衆生이
入第一位하야 得不動法하리다

발을 내려 머물 때에
마땅히 중생이
마음에 해탈을 얻어
편안히 머물러 움직이지 않기를 서원하며

만약 발을 들 때라면
마땅히 중생이
생사의 바다를 벗어나
수많은 선한 법을 구족하기를 서원하며

아랫바지를 입을 때에
마땅히 중생이
모든 선근을 입어
부끄러움을 구족하기를 소원하며

옷을 정리하여 띠를 맬 때에
마땅히 중생이
선근을 살피고 단속하여
하여금 흩어져 잃지 않기를 서원하며

만약 위에 옷을 입는다면
마땅히 중생이
수승한 선근을 얻어
진리의 피안에 이르기를 원하며

승가리를 입을 때에
마땅히 중생이
제일위에 들어가

움직이지 않는 법을 얻기를 서원할 것입니다.

疏

第四에 下足住時下는 明將行披挂時六願이니 下衣는 蓋醜故로 願得慚愧요 上衣는 卽衫襖之輩라 前已辨袈裟일새 故此直云호대 僧伽梨라하니 僧伽梨者는 義云和合이라하니라 新者二重이요 故者四重이니 要以重成일새 故云和合이니 卽是三衣中에 第一衣故라

제 네 번째 발을 내려 머물 때라고 한 아래는 장차 출행하려고 옷을 입을 때의 여섯 가지 서원을 밝힌 것이니
아래옷은 누추함을 덮는 까닭으로 부끄러움 얻기를 서원한 것이요,
위에 옷[258]은 곧 적삼의 유형[259]이다.
앞[260]에서 이미 가사의 뜻을 분별하였기에 그런 까닭으로 여기에서는 바로 말하기를 승가리라 하였으니,
승가리라고 한 것은 음의音義에 말하기를 화합이라 하였다.
새것은 이중二重이고 옛것은 사중四重이니,
중중으로 성립하기를 요망하기에 그런 까닭으로 말하기를 화합이라[261] 한 것이니

258 襖는 '웃옷 오' 자이다.

259 원문에 배輩는 類之意니 즉 유類의 뜻이다.

260 앞이란, 영인본 화엄 5책, p.179, 1행이다.

곧 삼의三衣 가운데 제일의第一衣인 까닭이다.

<hr/>

261 화합이라 한 등은 율문에 말하기를 승가리는 여기에서 말하면 중복重複이니
만약 새 옷이라면 응당 일중一重으로 안타회安陀會와 그리고 울다라승鬱多羅
僧을 짓고 이중二重으로 승가리僧伽梨를 지을 것이다. 만약 옛날 옷이라면
이중으로 안타회와 그리고 울다라승과 사중으로 승가리를 청허하는 것이다
하였다. 강사가 말하기를 새 베인즉 양중兩重으로 합성合成하고, 옛날 베인즉
사중四重으로 합성한다 하였다. 이상은 다『잡화기』의 말이다.

經

手執楊枝에　　當願衆生이
皆得妙法하야 究竟淸淨하며

嚙楊枝時에　　當願衆生이
其心調淨하야 嚙諸煩惱하며

大小便時에　　當願衆生이
棄貪瞋癡하야 蠲除罪法하며

事訖就水에　　當願衆生이
出世法中에　　速疾而往하며

洗滌形穢에　　當願衆生이
淸淨調柔하야 畢竟無垢하며

以水盥掌에　　當願衆生이
得淸淨手하야 受持佛法하며

以水洗面에　　當願衆生이
得淨法門하야 永無垢染하리다

손으로 버들가지(楊枝)²⁶²를 잡을 때에
마땅히 중생이

다 묘한 법을 얻어
구경에 청정하기를 서원하며

버들가지를 씹을 때에
마땅히 중생이
그 마음이 고르고 청정하여
모든 번뇌를 깨물어²⁶³ 씹기를 서원하며

대·소변을 볼 때에
마땅히 중생이
탐진치를 버려
죄법罪法을 깨끗이 제멸하기를 서원하며

대·소변의 일을 마치고 물에 나아갈 때에
마땅히 중생이
출세간법 가운데
빨리 나아가기를 서원하며

형색의 더러운 곳을 씻을 때에
마땅히 중생이

---

262 원문에 양지楊枝는 이를 닦는 도구. 처음 절에서 냇가에 버들가지로 이를
닦게 한 데서 이름한 것이다.
263 噬는 '깨물 서' 자이다. 다른 본엔 씹을 작嚼 자로 되어 있기도 하다.

청정하고 고르고 부드러워
필경에 때가 없기를 서원하며

물로써 손바닥을 씻을 때에
마땅히 중생이
청정한 손을 얻어서
불법을 받아 가지기를 서원하며

물로써 얼굴을 씻을 때에
마땅히 중생이
청정한 법문을 얻어서
영원히 더러운 때가 없기를 서원할 것입니다.

疏

第五에 手執楊枝下는 澡漱盥洗時有七願이니 楊枝五利를 是曰
妙法이요 去穢爲淨이라 西域에 皆朝中嚼楊枝는 淨穢不相雜이니
此爲常規어니와 凡欲習誦인댄 別須用之니라 盥者澡也라

제 다섯 번째 손으로 버들가지를 잡을 때라고 한 아래는 양치하고
세수하고 세면할 때에 일곱 가지 서원이 있나니
버들가지의 다섯 가지 이익을 이에 말하기를 묘한 법이라 하고,
더러운 것을 보내는 것을 청정이라 하는 것이다.

서역에서 다 아침과 점심때에 버들가지를 씹는 것은 깨끗하고 더러운 것이 서로 섞이지 않게 하는 것이니 이것은 보통의 법규이거니와, 무릇 송주를 하고자 한다면 따로 그 버들가지를 수구하여 사용해야 할 것이다.
관이라고 한 것은 조澡 자의 뜻이다.[264]

鈔

楊枝五利者는 一은 明目이요 二는 除痰이요 三은 除口氣요 四는 辨味요 五는 消食이니 新經有十義라하니라 朝中嚼楊枝는 淨穢不相雜이라한 此兩句語는 全是無行禪師의 於西域寄歸之書니 南海寄歸傳에도 亦廣說之니라

버들가지의 다섯 가지 이익이라고 한 것은
첫 번째는 눈이 밝아지고,
두 번째는 가래가 없어지고,
세 번째는 입에 냄새가 없어지고,
네 번째는 맛을 분별하고,
다섯 번째는 밥을 소화하나니
신경新經에는 열 가지 뜻이 있다 하였다.

---

264 盥은 '세숫대야 관' 자로 씻을 조澡 자의 뜻이다. 그러나 위에 조澡 자가 있다. 그렇다면 澡 자는 척滌 자가 아닌지 의심할 것이다.

아침과 점심때에 버들가지를 씹는 것은 깨끗하고 더러운 것이 서로
섞이지 않게 하는 것이라 한 이 두 구절의 말은 온전히 무행선사의
『서역기귀전』의 글이니,
『남해기귀전』²⁶⁵에도 또한 폭넓게 설하였다.

---

265 『남해기귀전南海寄歸傳』은 당나라 의정삼장義淨三藏이 남쪽바다로 인도에
    갔다 온 것을 기록한 책이다.

經

手執錫杖에　　當願衆生이
設大施會하야　示如實道하며

執持應器에　　當願衆生이
成就法器하야　受天人供하며

發趾向道에　　當願衆生이
趣佛所行하야　入無依處하며

若在於道인댄　當願衆生이
能行佛道하야　向無餘法하며

涉路而去에　　當願衆生이
履淨法界하야　心無障礙하며

見昇高路에　　當願衆生이
永出三界하야　心無怯弱하리다

손으로 석장을 잡을 때에
마땅히 중생이
큰 시회施會를 베풀어
여실한 도를 현시하기를 서원하며

응량기應量器²⁶⁶를 잡아 가질 때에
마땅히 중생이
진리의 그릇을 성취하여
천상과 인간의 공양 받기를 서원하며

발²⁶⁷을 일으켜 길을 향할 때에
마땅히 중생이
부처님이 가신 곳에 나아가
의지할 곳 없는 곳²⁶⁸에 들어가기를 서원하며

만약 길에 있다면
마땅히 중생이
능히 불도를 행하여
남김 없는 법에 향하기를 서원하며

길을 거닐어²⁶⁹ 갈 때에
마땅히 중생이
청정한 법계를 밟아
마음에 장애가 없기를 서원하며

---

266 응량기應量器는 발우를 번역한 말이다.
267 趾는 '발 지' 자이다.
268 處는 疏에는 道라 하였다.
269 涉은 여기서는 '거닐 섭' 자이다.

높은 길에 오름을 볼 때에
마땅히 중생이
영원히 삼계를 벗어나
마음에 겁내거나 약함이 없기를 서원할 것입니다.

経

見趣下路에　當願衆生이
其心謙下하야 長佛善根하며

見斜曲路에　當願衆生이
捨不正道하야 永除惡見하며

若見直路인댄 當願衆生이
其心正直하야 無諂無誑하며

見路多塵에　當願衆生이
遠離塵坌하야 獲清淨法하며

見路無塵에　當願衆生이
常行大悲하야 其心潤澤하며

若見險道인댄 當願衆生이
住正法界하야 離諸罪難하리다

낮은 길에 나아감을 볼 때에
마땅히 중생이
그 마음을 겸손히 낮추어
부처님의 선근을 장양하기를 서원하며

비스듬히 굽은 길[270]을 볼 때에
마땅히 중생이
바르지 못한 도를 버려
영원히 나쁜 소견을 버리기를 서원하며

만약 바른 길을 본다면
마땅히 중생이
그 마음이 바로 곧아
아첨도 없고 속임도 없기를 서원하며

길에 수많은 티끌을 볼 때에
마땅히 중생이
티끌[271]을 멀리 떠나
청정한 진리를 얻기를 서원하며

길에 티끌이 없음을 볼 때에
마땅히 중생이
항상 대비를 행하여
그 마음이 윤택하기를 서원하며

만약 험한 길을 본다면

---

270 원문에 사곡斜曲은 굽은 길이다.
271 坌은 '모일 분, 티끌 분' 자이다.

마땅히 중생이
진정한 법계에 머물러
모든 재난을 떠나기를 서원할 것입니다.

疏

第六에 手執錫杖下는 乞食道行時에 總有五十五願이라 更分爲
三하리니 初十二願은 游涉道路요 次見衆會下에 十九願은 所覩事
境이요 後見嚴飾下에 二十四願은 所遇人物이니 今初라 錫者는
輕也明也니 執此杖者는 輕煩惱故며 明佛法故라 更有多義하니
具如經辨커니와 今略明二用하리니 一은 執爲行道之儀요 二는 振
以乞食이니 故發相似之願이라 無依之道는 是眞道也요 向無餘
法은 眞涅槃也요 眞淨法界는 心所履也라 險道有二하니 一은 多
賊鬼毒獸요 二는 陜徑阻絶이라 初는 惑業罪苦니 凡夫之險道也요
後는 自調滯寂이니 二乘之險道也라 皆爲難處니 不斷生死하고
而入涅槃이 正法界也라

제 여섯 번째 손으로 석장을 잡을 때라고 한 아래는 걸식하려고
길을 갈 때에 모두 오십다섯 가지 서원이 있는 것이다.
다시 나누어 세 가지로 하리니
처음에 열두 가지 서원은 도로에 노니는 것이요
다음에 대중이 모인 것을 볼 때라고 한 아래에 열아홉 가지 서원은
볼 바의 사실 경계요

뒤에 장엄하여 꾸민 사람을 볼 때라고 한 아래에 스물네 가지 서원은
만날 바 인물이니
지금은 처음이다.
석장이라고 한 것은 가볍다(輕)는 뜻이며 밝다(明)는 뜻이니,
이 석장을 잡는 사람은 번뇌가 가벼워지는 까닭이며 불법을 밝히는
까닭이다.
다시 수많은 뜻이 있나니 갖추어 말한 것은 지금 경에서 분별한
것[272]과 같거니와, 지금에 간략하게 두 가지 작용[273]을 밝히리니
첫 번째는 석장을 잡아서 도를 행하는 의식을 삼는 것이요
두 번째는 석장을 떨쳐 걸식을 하는 것이니 그런 까닭으로 상사한
서원[274]을 밝히는 것이다.

의지할 것 없는 도道[275]라고 한 것은 이것은 진실한 도요
남김 없는 법에 향한다고 한 것은 진실한 열반이요
진정한 법계[276]라고 한 것은 마음의 밝은 바이다.
험한 길이라고 한 것은 두 가지 뜻이 있나니
첫 번째는 수많은 도적과 귀신과 독한 짐승이 있는 길이요

---

272 원문에 구여경변具如經辨이라고 한 것은 경經에 수집석장手執錫杖 운운이다.
273 두 가지 작용이란, 첫 번째는 설법 시 사용하는 것이요, 두 번째는 걸식할
    때 흔들어 걸식을 알리는 것이다.
274 원문에 상사지원相似之願이란, 자기가 생각했던 것과 같은 서원을 말한다.
275 도道는 경문經文에 處라 하였다.
276 원문에 진정법계眞淨法界라고 한 것은 경문經文에 정법계淨法界이다.

두 번째는 좁은 길에 험난한²⁷⁷ 절벽길이다.

처음에 길은 혹업의 죄와 고통이니

범부의 험난한 길이요

뒤에 길은 스스로 조복하여 적멸에 막혀 있는 것이니

이승의 험난한 길이다.

모두 다 험난한 처소가 되나니,

생사를 끊지 않고 열반에 들어가는 것이 진정한 법계이다.

---

277 阻는 '험할 조' 자이다.

經

若見衆會인댄 當願衆生이
說甚深法하야 一切和合하리다

만약 대중이 모인 것을 본다면
마땅히 중생이
깊고도 깊은 법을 설하여
일체중생으로 화합케 하기를 서원할 것입니다.

疏

二는 觀事境願이라 初는 觀衆會니 謂衆聚에 多談無義일새 故願說
深法이요 衆心易乖일새 故令和合이라

두 번째는 사실의 경계를 보는 서원이다.
처음에 서원은 대중이 모인 것을 보는 것이니
말하자면 대중이 모임에 의미 없는 말을 많이 하기에 그런 까닭으로
깊고도 깊은 법을 설하기를 서원한 것이요
중생의 마음이 쉽게 어그러지기에 그런 까닭으로 하여금 화합케
한 것이다.

經

若見大柱인댄 當願衆生이
離我諍心하야 無有忿恨하리다

만약 큰 기둥을 본다면
마땅히 중생이
아만으로 다투는 마음을 떠나
분노와 원한이 없기를 서원할 것입니다.

疏

二에 大柱者는 舊經云大樹라하니라 梵云薩擔婆는 (去聲輕呼)此云
樹也요 薩擔婆는 (入聲重呼)此云柱也니 由茲二物이 呼聲相濫하
야 古今譯殊니라 柱有荷重之能하야 一舍由之而立일새 翻此하야
願離我能之諍거니 忿恨何由而生이리요

두 번째 서원의 큰 기둥이라고 한 것은 구경舊經에 말하기를 큰
나무(大樹)라 하였다.
범어에 말하기를 살담바薩擔婆[278]는 여기서 말하면 나무(樹)요
살담파薩擔婆[279]는 여기서 말하면 기둥(柱)이니,

---

278 살담바는 去聲이니 輕呼하라. 婆 자 하나를 두고 輕呼하고 重呼함으로
바와 파로 나누고 樹와 柱가 결정된다.
279 살담파는 入聲이니 重呼하라. 경호輕呼는 가볍게 부르는 것(발음하는 것)이고

이 두 가지 물건이 부르는 소리가 서로 섞이어 넘침을 인유하여 고금의 해석이 다른 것이다.

기둥이라고 하는 것은 무거운 것을 짊어지는 능력이 있어서 하나의 집이 그 기둥을 인유하여 건립되기에 이것을 번복하여 아만으로 능력 다툼을 떠나기를 서원하거니, 분노와 원한이 무엇을 인유하여 생기하겠는가.

중호重呼는 무겁게 부르는 것이다. 즉 약하게 발음하고 강하게 발음하는 것을 말한다.

經

若見叢林인댄 當願衆生이
諸天及人이　所應敬禮하리다

만약 총림叢林을 본다면
마땅히 중생이
모든 하늘과 그리고 사람들이
응당 공경하고 예배할 바가 되기를 서원할 것입니다.

疏

三은 德猶叢林하야 森聳可敬이라

세 번째 서원은 공덕이 총림과 같아 수풀이 솟아올라 가히 공경하는
바가 되는 것이다.

經

若見高山인댄 當願衆生이
善根超出하야 無能至頂하며

見棘刺樹에　 當願衆生이
疾得翦除　　 三毒之刺하며

見樹葉茂에　 當願衆生이
以定解脫로　 而爲蔭映하며

若見華開인댄 當願衆生이
神通等法이　 如華開敷하며

若見樹華인댄 當願衆生이
衆相如華하야 具三十二하며

若見果實인댄 當願衆生이
獲最勝法하야 證菩提道하며

若見大河인댄 當願衆生이
得預法流하야 入佛智海하며

若見陂澤인댄 當願衆生이
疾悟諸佛의　 一味之法하리다

만약 높은 산을 본다면
마땅히 중생이
선근이 뛰어나
능히 정상에 이를 수 없기를 서원하며

가시나무를 볼 때에
마땅히 중생이
삼독의 가시를
빨리 베어 제거함을 얻기를 서원하며

나뭇잎이 무성함을 볼 때에
마땅히 중생이
선정과 해탈로써
덮어 가리기를 서원하며

만약 꽃이 피는 것을 본다면
마땅히 중생이
신통 등의 법이
꽃이 피는 것과 같기를 서원하며

만약 나무에 꽃을 본다면
마땅히 중생이
수많은 모습이 꽃과 같아서

삼십이상을 구족하기를 소원하며

만약 과실을 본다면
마땅히 중생이
가장 수승한 법을 얻어
보리도를 증득하기를 서원하며

만약 큰 강을 본다면
마땅히 중생이
법의 강물이 흐름에 참예함을 얻어
부처님의 지혜 바다에 들어가기를 서원하며

만약 저수지[280]를 본다면
마땅히 중생이
모든 부처님의
한맛의 법을 빨리 깨닫기를 서원할 것입니다.

疏

十一에 陂澤者는 畜水曰陂니 不集諸流일새 故願一味라

열한 번째 서원에 못이라고 한 것은 물을 축적하는 것을 못이라

---

280 陂는 '못 피' 자이다.

말하는 것이니,

모든 흐름이 모이지 않기에 그런 까닭으로 한맛의 법을 서원한 것이다.

經

若見池沼인덴 當願衆生이
語業滿足하야 巧能演說하리다

만약 못을 본다면
마땅히 중생이
어업이 만족하여
교묘하게 능히 연설하기를 서원할 것입니다.

疏

十二는 說文曰호대 穿地通水曰池라하니 沼卽池也라 取其盈滿하
야 引法流故며 亦可巧思穿鑿하야 能有說故니라

열두 번째 서원은 『설문說文』[281]에 말하기를 땅을 뚫어 물이 통하게
하는 것을 지池라 하나니, 소沼는 곧 지池이다.
그 못에 물이 차서 가득함을 취하여 법의 흐름에 인용한 까닭이며
또한 가히 교묘한 생각으로 뚫어 능히 연설함이 있는 까닭이다.

---

281 『설문說文』은 한漢나라 허신許愼이 지은 옥편玉篇인 『설문해자說文解字』이다.

經

若見汲井인댄 當願衆生이
具足辯才하야 演一切法하리다

만약 우물을 긷는 것을 본다면
마땅히 중생이
변재를 구족하여
일체법 연설하기를 서원할 것입니다.

疏

十三에 汲者는 取也니 辯才演法이 猶綆汲水니라

열세 번째 긷는다고 한 것은 취하는 것이니
변재로 법을 연설하는 것이 비유하자면 두레박줄[282]로 우물을 긷는
것과 같은 것이다.

---

282 綆은 '두레박줄 경' 자이다.

經

若見涌泉인댄 當願衆生이
方便增長하야 善根無盡하며

若見橋道인댄 當願衆生이
廣度一切를　猶如橋梁하며

若見流水인댄 當願衆生이
得善意欲하야 洗除惑垢하며

見修園圃에　當願衆生이
五欲圃中에　耘除愛草하며

見無憂林에　當願衆生이
永離貪愛하야 不生憂怖하며

若見園苑인댄 當願衆生이
勤修諸行하야 趣佛菩提하리다

만약 용천의 물을 본다면
마땅히 중생이
방편을 증장하여
선근이 끝이 없기를 서원하며

만약 다리 길을 본다면
마땅히 중생이
널리 일체중생을 건너게 해주기를
비유하자면 다리와 같이 하기를 서원하며

만약 흐르는 물을 본다면
마땅히 중생이
좋은 의욕을 얻어
번뇌의 때를 씻어 제멸하기를 서원하며

동산의 채마밭[283]을 정비함을 볼 때에
마땅히 중생의
오욕의 채마밭 가운데
애욕의 풀을 매어[284] 제거하기를 서원하며

근심 없는 숲을 볼 때에
마땅히 중생이
영원히 탐욕과 애욕을 떠나
근심과 두려움을 내지 않기를 서원하며

만약 동산을 본다면

---

283 圃는 '채마밭 포' 자이니, 원포園圃는 동산 또는 밭이라고도 한다.
284 耘은 '김맬 운' 자이다.

마땅히 중생이
모든 행을 부지런히 닦아
부처님의 깨달음에 나아가기를 서원할 것입니다.

疏

無憂林者는 處之忘憂故라

근심이 없는 숲이라고 한 것은 그 숲에 거처하면 근심을 잊는 까닭
이다.

經

見嚴飾人에　當願衆生이
三十二相으로 以爲嚴好하리다

장엄하여 꾸민 사람을 볼 때에
마땅히 중생이
삼십이상으로
장엄하여 좋아하기를 서원할 것입니다.

疏

三에 見嚴飾下에 二十四願은 所遇人物이라

세 번째 장엄하여 꾸민 사람을 본다고 한 아래에 스물네 가지 서원은
만날 바 인물이다.

經

見無嚴飾에　當願衆生이
捨諸飾好하고 具頭陀行하며

見樂著人에　當願衆生이
以法自娛하야 歡愛不捨하며

見無樂著에　當願衆生이
有爲事中에　心無所樂하며

見歡樂人에　當願衆生이
常得安樂하야 樂供養佛하며

見苦惱人에　當願衆生이
獲根本智하야 滅除衆苦하리다

장엄하여 꾸민 것이 없는 사람을 볼 때에
마땅히 중생이
모든 꾸며서 좋아하는 것을 버리고
두타행을 구족하기를 서원하며

즐거움에 집착하는 사람을 볼 때에
마땅히 중생이

법으로써 스스로 즐겨
환희하고 좋아하여 버리지 않기를 서원하며

즐거움에 집착하는 것이 없는 사람을 볼 때에
마땅히 중생이
유위의 사실 가운데
마음에 좋아할 바가 없기를 서원하며

환희하고 즐거워하는 사람을 볼 때에
마땅히 중생이
항상 안락을 얻어서
부처님께 공양하기를 즐거워하기를 서원하며

고뇌하는 사람을 볼 때에
마땅히 중생이
근본지를 얻어서
수많은 고통을 멸제하기를 서원할 것입니다.

疏

六에 云獲根本智하야 滅衆苦者는 若得見道의 無分別根本智인댄
則斷惡道의 業無明故니 三塗苦滅하면 則三苦八苦도 亦皆隨滅
하리라 死及取蘊은 直至金剛後의 根本智하야사 則能永斷이리라

여섯 번째 서원에 말하기를 근본지를 얻어서[285] 수많은 고통을 멸제한 다고 한 것은 만약 견도위의 무분별 근본지를 얻었다면 곧 악도의 업과 무명의 업을 끊은[286] 까닭이니

삼도의 고통[287]이 사라지면 곧 세 가지 고통(三苦)과 여덟 가지 고통(八苦)도[288] 또한 다 따라 사라지는 것이다.

사고(死)와 그리고 취온取蘊은[289] 바로 금강무간도 뒤[290]의 근본지에

---

285 근본지를 얻는다고 한 등은 법상종을 잡아 말한다면 곧 견도위와 그리고 금강위의 지혜를 증득하여 고통을 끊는 모습에 통하고, 법성종을 잡아 말한다 면 곧 다만 해탈위의 지혜를 증득하여 고통을 제멸하는 모습만 잡은 것이니 초문을 찾아보면 가히 알 수 있을 것이다. 역시 『잡화기』의 말이다.

286 악도의 업과 무명의 업을 끊는다고 한 등은 업은 곧 십악의 업이고 무명은 비록 이집二執의 분별에 통하지만, 그 뜻은 인집人執을 취한 것이다. 역시 『잡화기』의 말이다.

287 원문에 삼도약三塗若이라 한 若 자는 苦 자의 오자誤字이다. 초문鈔文에도 苦 자이다.

288 세 가지 고통과 여덟 가지 고통 운운은 다만 이 총설이니, 세 가지 고통 가운데 행고行苦와 여덟 가지 고통 가운데 사고死苦와 취온의 이고二苦는 아직 끊지 못한 까닭이다. 역시 『잡화기』의 말이다.

289 사고(死)와 그리고 취온取蘊 운운은, 행고를 거론하지 아니한 것은 행고는 곧 다만 이 이고二苦를 따라 유전하는 까닭으로 소所를 들어 능能을 겸하여 말한 것이다. 대개 사고死苦라고 한 것은 곧 변역생사이고, 취온이라고 한 것은 곧 이숙과의 자체이니 비록 등각이라도 오히려 떠나지 않는 까닭으로 금강위에 이르러야 바야흐로 끊는다 할 것이다. 역시 『잡화기』의 말이다. 취온이란, 유루의 다른 이름이니 삼계의 고과苦果에 집착하여 후세의 과보를 집지執持하여 생장한다는 뜻이다.

290 원문에 금강후金剛後라 한 後 자는 초문鈔文엔 없다.

이르러야 곧 능히 영원히 끊는 것이다.

鈔

三苦八苦等者는 由三塗苦滅일새 故生老病苦亦滅하고 由斷此惑하
야 不造十惡業일새 故無怨憎會苦하고 由斷分別欲貪일새 故無求不
得苦와 及愛別離苦어니와 從此로 唯有死及取蘊하나니 至金剛無間
道의 根本智하야사 斷彼二苦니라 雖有漏善法이 此時猶在하야 行苦
所隨나 由彼勝智가 照同法性하야 於解脫道에 不待擇滅하고 任運棄
捨일새 功歸無間하니라 上約法相說하야 取正體無分別智가 名爲根
本이니 以望加行得名이니라 雖通諸位나 而見道金剛二處가 最顯일
새 故略擧之니라 又有約法性인댄 以本覺으로 爲根本智라하니 以與
始覺으로 爲根本故니라 此唯約解脫道의 證理時에 與根本冥合일새
乃名獲得本覺根本이라하니 從此로 永無死及取蘊이라 雖斷惑證理
로 立二道名이나 然同一刹那니 獲智亦爾니라 是故無間道의 斷見修
二障種時가 卽是解脫道時斷也니라

세 가지 고통과 여덟 가지 고통이라고 한 등은 삼도의 고통이 사라짐
을 인유하기에 그런 까닭으로 생·노·병의[291] 고통도 또한 사라지고
이 번뇌(惑)를 끊어 열 가지 악업을 짓지 아니함을 인유하기에 그런

---

291 생·노·병 운운은, 이 가운데 삼고三苦가 없는 것은 고고苦苦는 곧 생·노·병으
로 더불어 같고, 괴고壞苦는 곧 애별리고로 더불어 같은 까닭이다. 다『잡화
기』의 말이다.

까닭으로 원수같이 미워하는 사람과 만나는 고통이 없고,
탐욕을 분별함을 끊음을 인유하기에 그런 까닭으로 구하여도 얻지
못하는 고통과 그리고 사랑하는 사람과 이별하는 고통이 없거니와
이로 좇아 오직 사고(死)와 그리고 취온取蘊만이 있나니,
금강무간도金剛無間道²⁹²의 근본지에 이르러야 저 두 가지 고통을
끊을 것이다.
비록 유루의 선법이²⁹³이 무간도시無間道時에도 오히려 있어서 행고
行苦²⁹⁴가 따르는 바가 되지만, 저 무간도의 수승한 지혜가 다 같은
법성²⁹⁵을 비춤을 인유하여 해탈도시解脫道時에 택멸擇滅²⁹⁶을 기다리

---

292 무간도無間道는 사도四道의 하나이니, 사도四道는 가행도加行道, 무간도無間
道, 해탈도解脫道, 승진도勝進道이다.
금강무간도는 금강심보살이 제십지第十地 만심滿心에 불과佛果의 장애를
끊고 묘각위妙覺位에 들어가는 것이다.
293 원문에 수유루선雖有漏善 운운은 통난通難하여 말하기를 무간도無間道에서
다만 번뇌(惑)만 끊고, 고의신苦依身 등 이고二苦는 해탈도解脫道에서 진리를
증득할 때에 이르러 바야흐로 버리거늘, 지금에는 어떻게 무간도에서 저
이고二苦를 끊는다 하는가 하기에, 그런 까닭으로 雖有漏善 云云이라고
통석通釋하였다.
유루선이라고 한 것은 곧 취온取蘊이니, 변역 성인이 신업新業을 짓지 않고
선시先時에 유루선업有漏善業을 도와 변역의 과보를 받는 것이다.
『잡화기』에 유루선법 운운은 이미 유루라고 말하였다면 곧 이것은 행법行法
인 까닭이라 하였다.
294 행고行苦는 아뢰야행고阿梨耶行苦이다.
295 다 같은 법성이라고 한 것은 상종에 삼승이 동일한 법성이라 한 까닭이니
역시 『잡화기』의 말이다.

지 않고 마음대로 버리기에 공력이 무간도에 돌아가는[297] 것이다.
이상은 법상종의 말을 잡아 바로 무분별지를 체달하는[298] 것이 이름이
근본지가 된다고 한 것을 취한 것이니 가행도加行道를 바라보고
이름함을 얻은[299] 것이다.
비록 모든 지위에 통하지만 견도위見道位와 금강위金剛位의 두 곳이
가장 잘 나타났기에 그런 까닭으로 간략하게 거론한 것이다.

또 어떤 사람은 법성종을 잡는다면 본각으로써 근본지를 삼는다
하였으니 시각으로 더불어 근본지를 삼은 까닭이다.
이것은 오직 해탈도에서 진리를 증득할 때에 근본지로 더불어 명합
함을 잡았기에 이에 이름을 본각의 근본지를 얻는다 하였으니 이로
좇아 영원히 사고死苦와 그리고 취온取蘊이 없는 것이다.

---

296 택멸擇滅은 택멸무위擇滅無爲이니 삼무위三無爲 또는 육무위六無爲의 하나이
　　니, 뜻은 공능功能, 공력功力을 말한다.
297 공력이 무간도에 돌아간다고 한 것은 무간도시無間道時가 바로 끊는 때인
　　까닭이다. 대개 사고死苦와 취온의 이고二苦는 곧 저 무간도의 시초에 끊고,
　　행고는 곧 저 해탈도에서 마음대로 버리되 그 공력은 곧 무간도에 돌아가는
　　까닭으로 위에서 말하기를 무간도시에 끊는다 하였으니, 이 뜻은 비록 통하지
　　만 행고를 끊는다는 뜻은 아직 이루어지지 아니한 까닭으로 나는 취하지
　　않는다. 이상은 다『잡화기』의 말이고, 나는 취하지 않는다 한 것은 사기주私
　　記主를 말한다 하겠다.
298 바로 무분별지를 체달한다고 한 등은 이것은 곧 다 시각의 분상에 나아가
　　부분적으로 말한 것일 뿐이다.
299 원문에 득명得名이란, 무간도無間道의 근본지根本智이다.

비록 번뇌를 끊고 진리를 증득하는 것으로 이도二道[300]의 이름을
세웠지만[301] 그러나 동일한 찰나[302]이니 지혜를 얻는 것도 또한 그러한
것이다.[303]
이런 까닭으로 무간도에서[304] 견도혹과 수도혹의 두 가지 장애 종자를
끊는 때가 곧 이 해탈도시時에 끊는 것이다.

---

300 이도二道는 무간도無間道와 해탈도解脫道이다.

301 원문에 수단혹증리입이도명雖斷惑證理立二道名 운운은 또한 통난通難하여
말하기를 이미 해탈도시解脫道時에 지혜를 얻어 번뇌를 끊었다면 무간도시無
間道時에 번뇌를 끊는다는 것은 없어야 한다 하기에 그런 까닭으로 통석通釋
하여 二道가 一時인 까닭으로 無間道에서 끊을 때가 곧 解脫道에서 끊는
것이다 하였다.
『잡화기』는 비록 번뇌를 끊고 진리를 증득하는 것으로 이도二道를 세웠지만
이라고 한 것은 위에서는 해탈도에 진리를 증득할 때 영원히 사고死苦와
취온이 없다 말하고 무간도에 사고와 취온이 없다거나 해탈도에 본각을
증득한다 말하지 아니한 까닭으로 여기에 그것을 회통함이 있는 것이다
하였다.

302 동일同一한 찰나刹那란, 無間卽是解脫時를 말하는 것이다.

303 지혜를 얻는 것도 또한 그러한 것이라고 한 것은 이도二道는 이 지위이니
지위가 이미 동시인 까닭으로 지혜를 얻는 것도 또한 동시인(그러한) 것이다.
역시 『잡화기』의 말이다.

304 무간無間 운운은, 等覺은 修無間解脫道니 是金剛乾慧요 妙覺은 成佛이라.
大總相法門中의 말이다. 즉 등각은 무간도와 해탈도에서 닦는 것이니 이것은
금강의 마른 지혜이고 묘각은 승진도 상上에 진지眞智로 성불이다. 이 말은
대총상법문 가운데 말이다.

經

見無病人에　當願衆生이
入眞實慧하야 永無病惱하리다

병이 없는 사람을 볼 때에
마땅히 중생이
진실한 지혜에 들어가
영원히 병의 뇌로움이 없기를 서원할 것입니다.

疏

七願에 入眞實慧하야 永無病惱者는 此有二種하니 一은 約入眞見
道之慧하야 斷身病之苦惱와 及煩惱病이니 謂一切惡趣와 諸煩
惱品의 所有麤重이 是分別起며 亦爲身病遠因이니 至歡喜地의
眞見道中하야 一刹那斷하고 頓證三界의 四諦眞如하면 身病及惑
이 永不復有니라 二는 約金剛心慧로 頓斷一切諸煩惱病과 及習
氣隨眠이니 證極圓滿眞實勝義하면 諸惑永亡이라 依上解者인댄
眞實慧者는 卽根本智니 但約所滅의 惑苦不同耳니라

일곱 번째 서원에 진실한 지혜에 들어가 영원히 병의 뇌로움이
없기를 서원한다고 한 것은 여기에 두 가지 뜻이 있나니
첫 번째는 진실한 견도[305]의 지혜에 들어가 신병身病의 고뇌와 그리고
번뇌의 병을 끊는 것을 잡은 것이니,

말하자면 일체 악취와 모든 번뇌품品[306]의 있는 바 추중麤重[307] 번뇌가
이 분별로 일어나며 또한 신병의 먼 원인이 되나니,
환희지의 진실한 견도 가운데 이르러 한 찰나에 끊고 문득 삼계에
사제의 진여를 증득하면 신병과 그리고 번뇌의 병이 영원히 다시
있지 않는 것이다.
두 번째는 금강심의 지혜로 문득 일체 모든 번뇌의 병[308]과 그리고
습기와 수면隨眠[309]을 끊는 것을 잡은 것이니
지극히 원만하고 진실로 수승한 뜻을 증득하면 모든 번뇌가 영원히
없어지는 것이다.

위[310]에서 해석한 것을 의지한다면 진실한 지혜라고 한 것은 곧
근본지이니

---

305 원문에 진견도眞見道는 상견도相見道와 상대한 것이니, 가행위加行位에서
　　난煖·정頂·인忍·세제일世第一의 사선근四善根을 닦고, 사심사관四尋伺(思)
　　觀, 사여실관四如實觀을 수행하여 분별기分別起의 번뇌를 끊은 뒤에 진지眞智
　　를 내어 진여를 보는 것이다.
306 모든 번뇌품이라고 한 것은 근품根品 등 모든 품이다.
307 추중麤重이라고 한 것은 이것은 이집二執의 분별 가운데 종자이니, 추중이라
　　고 말한 것은 구생번뇌 가운데 종자를 상대한 까닭이다. 역시 『잡화기』의
　　말이다.
308 모든 번뇌의 병이라고 한 것은 이장二障을 함께 거론한 것이다.
309 습기와 수면이라고 한 것은 구생번뇌 가운데 종자를 따로 가리킨 것이다.
　　역시 『잡화기』의 말이다.
310 위(上)란, 第六願이다.

다만 소멸할 바 번뇌의 고통이 같지 아니함311을 잡았을 뿐이다.

鈔

一約入眞見道者는 亦有二義하니 例同斷苦니라 斷身病之苦는 牒前
所斷이요 及煩惱病은 是此所斷이라 謂一切下는 出所斷體니 麤重은
卽是種子요 分別은 揀於俱生이라 亦爲身病遠因者는 非近因故니
如房色過度는 是身病近因이요 由貪故爾는 卽爲遠因이라 一刹那斷
者는 至初地中廣釋이요 頓證三界의 四諦眞如는 至十迴向中釋하리
라 二約金剛心者는 卽俱生也니 此上은 所轉捨라 依上解下는 結成
前二라

첫 번째는 진실한 견도에 들어감을 잡았다고 한 것은 또한 두 가지
뜻이 있나니
예例가 고통을 끊는다는 것과 같다.

신병의 고통을 끊는다고 한 것은 앞312에서 끊은 바를 첩석한 것이요
그리고 번뇌의 병이라고 한 것은 여기313에서 끊을 바이다

---

311 번뇌의 고통이 같지 않다고 한 것은 전단의 게송은 번뇌를 소멸함을 밝힌
　　까닭으로 초문의 앞(위)에 두 가지라고 한 것은 곧 양단兩段의 게송을 함께
　　가리킨 것이라 하겠다. 이상은 『잡화기』의 말이고, 초문이란 영인본 화엄
　　5책, p.194, 9행이다.

312 앞(前)이란, 초지初地 이전以前이다.

313 여기(此)란, 초지初地 견도위見道位이다.

말하자면 일체의 악취라고 한 아래는 끊을 바 자체를 설출한 것이니

추중번뇌라고 한 것은 곧 이것은 종자요

분별이라고 한 것은 구생俱生³¹⁴과 다름을 가린 것이다.

또한 신병의 먼 원인³¹⁵이 된다고 한 것은 가까운 원인³¹⁶이 아닌 까닭이니

방에서 여색³¹⁷을 지나치게 좋아하는 것은 이것은 신병에 가까운 원인이요

탐욕을 인유한 까닭으로 그렇게 하는 것은 곧 먼 원인이 되는 것이다.

한 찰나에 끊는다고 한 것은 초지初地 가운데 이르러 폭넓게 해석할 것이요

문득 삼계에 사제의 진여를 증득한다고 한 것은 십회향 가운데 이르러 해석할 것이다.

두 번째는 금강심의 지혜라고 한 등은 곧 구생혹이니,

이 위에는 소전사所轉捨이다.³¹⁸

---

314 구생俱生은 분별혹分別惑과 구생혹俱生惑을 상대하여 말한 것이다.

315 원문에 원인遠因은 간접적 원인이다.

316 원문에 근인近因은 직접적 원인이다.

317 원문에 방색房色은 여색女色이니 여색을 지나치게 좋아한다고 한 것은 곧 현행現行이다. 역시 『잡화기』의 말이다.

318 이 위에는 소전사所轉捨라 한 등은 『유식론』 문을 점검하건대 곧 지금에 양단의 설문說文이 다 저 『유식론』 문 가운데 소전사이다. 그러나 이 위에 此上이라는 글자는 다만 이 단의 소문만 가리킨 것뿐 전단에는 통하지 않는 것이다. 이상은 『잡화기』의 말이다.

위에서 해석한 것을 의지한다고 한 아래는 위에 두 가지 서원을 맺어 성립한 것이다.

그러나 『유식론』 제십권에 전의轉依를 밝힘에 네 가지가 있나니 첫 번째는 능전도能轉道이니 곧 초지의 견도에서 분별의 이장二障을 끊는 것이요, 두 번째는 소전의所轉依이니 본식本識이 청정한 법의 의지하는 바가 되고 진여가 속히 깨닫는 법을 의지하는 바가 되는 것이요, 세 번째는 소전사所轉捨이니 금강의 무간도시時에 영원히 구생의 이장二障 종자를 끊는 것이요, 네 번째는 소전득所轉得이니 열반의 보리과果라 하였다. 그 원문은 아래와 같다.

所轉捨者:『成唯識論』卷十, 明轉依 有四. 一, 能轉道, 卽初地見道 斷分別二障. 二, 所轉依, 本識爲淨法之所依, 眞如爲速悟法之所依. 三, 所轉捨, 金剛無間道時 永斷俱生二障種子. 四, 所轉得, 涅槃 菩提果.

전의轉依에 대한 설명은 운허불교사전 p.772를 참고하라.

經

見疾病人에　當願衆生이
知身空寂하야 離乖諍法하리다

병이 있는 사람을 볼 때에
마땅히 중생이
몸이 공적한 줄 알아서
어기거나 다투는 법을 떠나기를 서원할 것입니다.

疏

八은 四大乖違成病이니 知空則永無所乖라

여덟 번째 서원은 사대四大가 어기어 병을 이루는 것이니
사대가 공적한 줄 알면 곧 영원히 어기는 바가 없을 것이다.

經

見端正人에 當願眾生이
於佛菩薩에 常生淨信하며

見醜陋人에 當願眾生이
於不善事에 不生樂著하며

見報恩人에 當願眾生이
於佛菩薩에 能知恩德하며

見背恩人에 當願眾生이
於有惡人에 不加其報하리다

단정한 사람을 볼 때에
마땅히 중생이
부처님과 보살에게
항상 청정한 믿음을 내기를 서원하며

누추한 사람을 볼 때에
마땅히 중생이
좋지 않는 일에
즐겁게 집착하는 마음을 내지 않기를 서원하며

은덕을 갚는 사람을 볼 때에
마땅히 중생이
부처님과 보살에게
능히 은덕을 갚을 줄 알기를 서원하며

은덕을 등진 사람을 볼 때에
마땅히 중생이
악이 있는 사람에게
그 과보를 가加하지 않기를 서원할 것입니다.

疏

於佛菩薩에 能知恩德者는 諸佛菩薩은 始自發心으로 普緣衆生
하며 難行苦行하며 不顧自身하며 垂形六道하며 隨逐衆生하며 見
其造惡하면 如割支體하며 迄成正覺히 隱其勝德하며 以貧所樂法
으로 誘攝拯救하며 見其憍恣하면 示迹涅槃하며 留餘福敎하야 以
濟危苦하시니라 故自頂至足하며 從生至死히 皆佛之蔭이니 斯之
恩德을 何可報耶리요 得人小恩이라도 常懷大報어늘 不知恩者는
多遭橫死리라 故經云호대 假使頂戴經塵劫하며 身爲床座遍三千
이라도 若不傳法利衆生인댄 畢竟無能報恩者라하니 故唯自利利
人을 如說修行이 爲報佛恩耳니라

부처님과 보살에게 능히 은덕을 갚을 줄 안다고 한 것은 모든 부처님

과 보살은 처음 발심함으로부터 널리 중생을 반연하며

행하기 어려운 고행을 하며

자신을 돌아보지 아니하며

형상을 육도에 드리우며

중생을 따라 좇아가며

그 중생이 악을 짓는 것을 보면 사지四호의 몸을 베는 것과 같이 하며

정각을 이룸에 이르기까지[319] 그 수승한 공덕을 숨기며

가난한 사람이 좋아하는 바 법으로써 꾀어 섭수하여 건져 구원하며

그 중생이 교만하고 방자함을 보면 자취를 열반으로 보이며

나머지 수복壽福과 가르침을 남겨두어 위험한 고통[320]에서 건지신다.

그런 까닭으로 머리로부터 발에 이르며 생겨남으로부터 죽음에

이르기까지 모두 다 부처님의 음덕蔭德이니

이 은덕을 어찌 가히 갚겠는가.

사람이 작은 은덕을 얻었을지라도 항상 큰 보답을 품어야 하거늘

은덕을 알지 못하는 사람은 다분히 횡사橫死함을 만날 것이다.

그런 까닭으로 경에 말하기를

가령 부처님을 머리에 이고 미진 세월을 지나며

몸이 상좌가 되어 삼천대천세계에 두루한다 하여도

만약 법을 전하여 중생을 이익케 하지 못하면

---

319 迄은 '이를 흘, 마침내 흘' 자이다.
320 원문에 위고危苦는 말세중생末世衆生의 위험한 고통이다.

필경에 능히 은덕을 갚은 자라 할 수 없다 하였으니,
그런 까닭으로 오직 자리와 이타를 여실히 수행하는 자만이 부처님
의 은덕을 갚은 자라 할 것이다.

鈔

諸佛菩薩下는 文中有三이라 初列十恩이니 一은 發心普被恩이라 二
는 難行苦行恩이니 猶如慈母가 嚥苦吐甘하야 捨頭目髓腦와 國城妻
子하며 剜身千燈하며 投形餓虎하며 香城粉骨하며 雪嶺亡軀한 如是
等事가 皆爲衆生이라 三에 不顧自身者는 一向爲他恩이니 曾無一念
도 自爲於己호미 猶如慈母가 但令子樂하고 自殺不辭니라 經云호대
菩薩所修功德行은 不爲自己及他人이라 但以最上智慧心으로 利益
衆生故迴向이라하니라 四垂形六道恩이니 謂已證滅道인댄 應受無
爲寂滅之樂이나 而垂形六道하고 遍入三塗하야 長劫救物하며 入於
地獄하야 以身救贖一切衆生이라 五는 隨逐衆生恩이니 上辯橫遍六
道하고 今約長劫不捨니 如子見父에 視父而已하고 無出離心인달하
야 如來隨之도 如犢逐母하야 備將萬行하야 隨逐救攝하나니 如須彌
音과 遍淨天主가 得隨諸衆生하야 永流轉生死海하는 解脫門이라 六
에 見其造惡하면 如割支體는 卽大悲深重恩이니 故善財童子가 謂無
憂德神云호대 聖者여 譬如有人이 唯有一子하야 愛念情至라가 忽見
被人에 割截支體하면 其心痛切하야 不能自安인달하야 菩薩摩訶薩
도 亦復如是하야 見諸衆生이 造煩惱業하야 墮三惡趣하야 受種種苦
하면 心大憂惱하며 若見衆生이 起身語意의 三種善業하야 生人天趣

하야 受身心樂하면 菩薩爾時에 生大歡喜라하니 今略擧悲深이나 喜亦深故니라 七에 迄成正覺히 隱其勝德者는 卽隱勝彰劣恩이니 十蓮華藏의 塵數之相과 海滴難稱의 無盡之德은 並隱不彰하고 但云百劫에 修成三十二相하며 三十四心으로 斷見修惑하고 五分法身을 覺樹初圓호대 如老比丘하며 同五羅漢이라하니 故法華中에 脫珍御服하고 著弊垢衣하며 執除糞器하고 往到子所라하니라 八에 以貧所樂法으로 誘攝拯救는 卽隱實施權恩이니 圓頓一乘은 隱而不說하고 乃以三乘과 人天小法으로 敎化衆生이라

모든 부처님과 보살이라고 한 아래는 문장 가운데 세 가지가 있다. 처음에는 열 가지 은덕을 열거한 것이니[321]

첫 번째는 발심하여 널리 가피하는 은덕이다.

두 번째는 행하기 어려운 고행을 하는 은덕이니

비유하자면 자비로운 어머니가 쓴 것은 삼키고[322] 단 것은 토하는 것과 같아서 머리와 눈과 골수와 뇌와 나라와 성과 아내와 자식을 버리며

몸을 깎아 천 개의 등에 불을 켜며[323]

몸을 던져 주린 호랑이에게 주며

---

321 원문에 초열십은初列十恩이란, 二는 결성은중結成恩重이고 三은 인경증성引經 證成이다.

322 嚥은 '삼킬 연' 자이다.

323 몸을 깎아 천 개의 등에 불을 켠다고 한 것은『부모은중경』에서 나온 말이다. 역시『잡화기』의 말이다. 剜은 '깎을 완' 자이다.

향성香城에서 뼈를 가루로 하며[324]
설산에서 몸을 버린 이[325]와 같은 등의 사실이 다 중생을 위한 것이다.

세 번째 자신을 돌아보지 않는다고 한 것은 한결같이 다른 사람을
위하는 은덕이니,
일찍이 한 생각도 스스로 자신을 위하는 마음이 없는 것이 비유하자
면 자비로운 어머니가 다만 자식으로 하여금 즐겁게 할 뿐 자신의
죽음을 사양하지 않는 것과 같다.
경에 말하기를[326] 보살이 닦은 바 공덕의 행은
자기와 그리고 다른 사람을 위한 것이 아니라
다만 최상의 지혜 마음으로
중생을 이익케 하는 까닭으로 회향한다 하였다.

네 번째 형상을 육도에 드리우는 은덕이니,
말하자면 이미 적멸의 도를 증득하였다면 응당 무위적멸의 낙을
받아야 할 것이지만 형상을 육도에 드리우고 삼도에 두루 들어가
긴 세월토록 중생을 구원하며,
지옥에 들어가 몸으로 일체중생을 구원하여 지옥고를 면하게[327]
하는 것이다.

---

324 향성 운운은 살타파륜보살 이야기이다.
325 설산 운운은 설산동자雪山童子 이야기이다.
326 경에 말하였다고 한 것은 금자권金字卷 하권 40장을 볼 것이다.
327 贖은 '속바칠 속(돈을 내고 죄를 면하는 것)' 자이다.

다섯 번째는 중생을 따라 좇는 은덕이니

위에서는 횡으로 육도에 두루함을 분별하였고, 지금에는 긴 세월토록 버리지 아니함을 잡아서 설한 것이니

마치 아들이 아버지를 봄에 아버지를 보아 마치고 벗어나려는 마음이 없는 것과 같아서, 여래가 중생을 따르는 것도 마치 송아지[328]가 어미 소를 좇는 것과 같이 만행을 갖추어 가져 중생을 따라 좇아 구원하여 섭수하나니,

수미음須彌音[329]과 변정천주遍淨天主[330]가 모든 중생을 따라 영원히 생사의 바다에 유전하는 해탈문을 얻은 것과 같다.

여섯 번째 그 중생이 악을 짓는 것을 보면 사지의 몸을 베는 것과 같이 한다고 한 것은 곧 대비가 깊고도 무거운 은덕이니,

그런 까닭으로 선재동자가 무우덕신에게 일러 말하기를 성자여, 비유하자면 어떤 사람이 오직 한 아들이 있어서 사랑하는 생각의 정이 지극하다가 홀연히 다른 사람에게 사지의 몸이 베어 끊어짐을 입는 것을 보면 그 마음이 끊어지듯 아파 능히 스스로 편안하지 못하는 것과 같아서, 보살마하살도 또한 다시 이와 같아서 모든 중생이 번뇌의 업을 지어 삼악도에 떨어져 가지가지 고통을 받으면 마음이 크게 근심하고 뇌로워하며

만약 중생이 신·어·의의 세 가지 선업을 일으켜 인간과 천상에

---

328 犢은 '송아지 독' 자이다.

329 수미음須彌音 운운은 입법계품入法界品의 말이다.

330 主는 王 자로 된 본도 있다.

태어나 몸과 마음이 즐거움을 받는 것을 보면 보살이 그때에 큰
환희심을 낸다 하였으니,
지금에는 대비가 깊은 것만 간략하게 들었지만 환희도 또한 깊은
까닭이다.

일곱 번째 정각을 이룸에 이르기까지 그 수승한 공덕을 숨긴다고
한 것은 곧 수승함을 숨기고 하열함을 나타내는 은덕이니,
열 갑절 연화장 미진수 세계의 모습과 바다의 물방울로 칭양하기
어려운 끝없는 공덕은 모두 숨겨 나타내지 않고 다만 말하기를
일백세월에 삼십이상을 닦아 이루며,
삼십사심三十四心[331]으로 견혹과 수혹을 끊고 오분법신을 보리수하
에서 처음 원만히 하기를 늙은 비구와 같이 하며
다섯 아라한[332]과 같이 한다 하였으니,
그런 까닭으로 『법화경』 가운데 진귀한 왕의 옷을 벗고 해어지고
때 묻은 옷을 입으며
똥을 처리하는 기구를 잡고 아들의 처소에 가서 이른다[333] 하였다.

---

331 삼십사심三十四心이란, 삼십사심단결성도三十四心斷結成道를 말하는 것이니
　　보살이 오랜 세월 수행하고 최후에 보리수 아래에 이르러 34찰나에 34심으로
　　써 온갖 번뇌를 끊고(斷結) 성도成道하는 것을 말한다.
332 다섯 아라한은 다섯 비구(五比丘)를 말한다.
333 『법화경』 운운은 『법화경法華經』 신해품信解品이니 經에는 脫瓔珞細軟上服
　　의 嚴飾之具하고 更著麤弊垢膩之衣호대 塵土坌身하며 右手執持除糞之器
　　하고 得近其子코는 後復告言호대 咄男子야 汝常此作하고 勿得餘去하라
　　하였다. 번역하면 즉 영락과 부드러운 최고의 옷에 장신구를 벗고 다시

여덟 번째 가난한 사람이 좋아하는 바 법[334]으로써 꾀어 섭수하여 건져 구원한다고 한 것은 곧 진실을 숨기고 방편을 베푸는 은덕이니, 원돈의 일승법은 숨겨 말하지 않고 이에 삼승과 인간과 천상의 작은 법으로써 중생을 교화하는 것이다.

此上二句는 卽淨名經第三香積品中에 彼諸菩薩이 問維摩詰호대 今世尊釋迦牟尼가 以何說法이닛가 維摩詰言호대 此土衆生이 剛强 難化일새 故佛爲說剛强之語하야 以調伏之호대 言是地獄이며 是畜 生이며 是餓鬼며 是諸難處며 是愚人行이며 是身邪行이며 是身邪行 報等이라하고 乃至云호대 如是剛强하야 難化衆生일새 故以一切苦 切之言으로 乃可入律이라하니 彼諸菩薩이 聞說是已하고 皆曰未曾 有也로다 如世尊釋迦牟尼佛이 隱其無量自在之力하시고 乃以貧所 樂法으로 度脫衆生케하실새 斯諸菩薩도 亦能勞謙하야 以無量大悲 로 生是佛土라하니라 九에 見其憍恣하면 示跡涅槃者는 示滅生善恩 이니 故法華云호대 若佛久住於世하면 薄福之人은 不種善根하고 貧 窮下賤은 貪著五欲하야 入於憶想의 妄見網中하며 若見如來가 常在 不滅하면 便起憍恣하야 而懷厭怠하야 不能生難遭之想과 恭敬之心 하리니 是故如來가 以方便說하사대 比丘當知하라 諸佛出世는 難可 値遇라하시고 乃至云호대 斯衆生等이 聞如是語하면 必當生於難遭

추잡하고 더러운 옷을 입되 먼지흙을 몸에 바르며 오른손에 똥을 처리하는 기구를 잡고 그 아들에게 가까이한 뒤에 다시 말하기를 돌啊 남자야 너는 항상 여기서 일을 하고 다른 곳에는 가지 말라 하였다.

334 원문에 빈소락법貧所樂法이란, 이승二乘이 좋아하는 법法이다.

之想하야 心懷戀慕하고 渴仰於佛하야 便種善根이라하니라 四十七
經에도 有涅槃佛事하니 與此大同하니라 十에 留餘福敎하야 以濟危
苦者는 卽悲念無盡恩이니 謂世尊이 同人中壽면 應壽百年이나 留二
十年福하야 以庇末法弟子니라 大集月藏分第十卷云호대 悲愍衆生
故로 捨壽第三分하야 令我法海滿케하야 洗浴諸天人하시니 假使毁
禁戒라도 悉住不退地리라 若有撾打彼면 卽爲打我身하고 若有罵辱
者면 則爲毁辱我라하며 又云留白毫之福하야 以覆弟子라하니라 言
留敎者는 卽三藏八藏으로 廣益衆生이니 依之修行하면 皆得成佛하
고 形像塔廟와 乃至舍利에 一興供養하면 千返生天等이라하니라 故
自頂至足下는 二에 結成恩重이라 得人下는 三에 引經證成호대 共引
三經하니 初는 卽涅槃第二十八이요 二에 不知恩者는 卽此經四十八
隨好品이요 故經云下는 三에 引他經이니 先一偈는 具足經文이요 唯
自利下는 取意引이나 彼亦一偈니 云唯有傳持正法藏하야 宣揚敎
理施群生하고 修習一念契眞如하면 卽是眞報如來者라하니라 會意
可知라

이 위에 두 구절은[335] 곧 『정명경』 제 세 번째 향적불품香積佛品[336]
가운데 저 모든 보살이 유마힐에게 묻기를 지금 세존이신 석가모니
께서 무엇 때문에 설법하십니까.
유마힐이 말하기를 이 국토에 중생이 굳세고 강하여 교화하기 어렵

---

335 이 위에 두 구절이란, 일곱 번째와 여덟 번째이다.
336 향적불품香積佛品은 앞에서 인용引用한 바가 있다.

기에 그런 까닭으로 부처님이 그 중생들을 위하여 굳세고 강한 말을 설하여 그들을 조복하되 이것은 지옥이며 이것은 축생이며 이것은 아귀이며 이것은 모든 어려운 곳이며 이것은 어리석은 사람의 행이며 이것은 몸의 삿된 행이며 이것은 몸의 삿된 행의 과보 등이다 말하고, 내지[337] 말하기를 이와 같이 굳세고 강하여 교화하기 어려운 중생이기에 그런 까닭으로 일체 쓰고 절박한 말로써 이에 가히 율행에 들게 하십니다 하니,

저 모든 보살이 이 말을 들어 마치고 다 말하기를 미증유의 일이다. 저 세존이신 석가모니 부처님께서 그 한량없는 자재한 힘을 숨기시고 이에 가난한 사람이 좋아하는 바 법으로써 중생을 제도하여 해탈케 하시기에, 이 모든 보살도 또한 능히 자기 공로를 겸양하여 한량없는 대비로써 이 부처님의 국토에 태어난다 하였다.

아홉 번째 그 중생이 교만하고 방자함을 보면 자취를 열반으로 보인다고 한 것은 적멸(열반)을 보여 선근을 생기하는 은덕이니, 그런 까닭으로 『법화경』에 말하기를 만약 부처님이 세상에 오래 머무시면 박복한 사람은 선근을 심지 않고, 빈궁하고 하천한 사람은 오욕에 탐착하여 기억하고 생각하는 허망한 소견의 그물 가운데 들어갈 것이며,

만약 여래가 항상 머물러 열반하지 아니함을 보면 문득 교만하고 방자함을 일으켜 싫어하고 게으른 생각을 품어 능히 만나기 어렵다

---

337 乃 자 아래에 至 자가 있는 것이 좋다. 타본에는 있다.

는 생각과 공경하는 마음을 내지 않을 것이니,

이런 까닭으로 여래가 방편으로써 말씀하시기를 비구들아, 마땅히 알아라.

모든 부처님이 세상에 출현하심을 가히 만나기 어렵다 하시고, 내지 말하기를 이 모든 중생 등이 이와 같은 말을 들으면 반드시 마땅히 만나기 어렵다는 생각을 내어 마음에 연모함을 품고 부처님 뵙기를 갈앙하여 문득 선근을 심을 것이다 하였다.

『화엄경』 사십칠경에도 열반불의 사실이 있으니 여기 『법화경』의 말로 더불어 대동하다.

열 번째 나머지 수복과 가르침을 남겨두어 위험한 고통에서 건지신 다고 한 것은 대비의 생각이 끝이 없는 은덕이니,

말하자면 세존이 사람 가운데 수명과 같다면 응당 백 년을 사셔야 하시지만 이십 년의 수복을 남겨두어 말법 시대의 제자들을 감싸신[338] 것이다.

『대집경』 월장분月藏分 제십권에 말하기를 대비로 중생을 어여삐 여긴 까닭으로 수복의 제삼분第三分을[339] 버려[340] 우리들로 하여금

---

338 庇는 '감쌀 비' 자이다.

339 수복의 제삼분第三分을 『잡화기』에는 백년을 초·중·후의 삼분으로 나눈다면 곧 제삼분에 30여 년이 있게 되나니 지금에 세존이 곧 그 제삼분 가운데 20년을 버려 말법 시대의 제자에게 보시한 것이라고 하였다.

340 원문에 사수제삼분捨壽第三分이라고 한 것은 수복의 삼분의 이二는 금생에 쓰고, 삼분의 일一은 말세중생을 위해 남겨두었다는 말이다. 그러나 三分은,

법의 바다를 만족케 하여 모든 천상과 인간의 마음을 씻어주시니,
가사假使 금계禁戒를 훼손한다 하더라도 다 불퇴지에 머무를 것이다.
만약 어떤 사람이 저 사람을 치면 곧 나의 몸을 치는 것과 같이
하고, 만약 어떤 사람이 저 사람을 욕하면 곧 나를 욕하는 것과
같이 한다 하였으며
또 말하기를 백호白毫의 수복을 남겨두어 제자를 덮는다 하였다.
가르침을 남겨둔다고 한 것은 곧 삼장三藏과 팔장八藏³⁴¹으로 널리
중생을 이익케 하는 것이니,
그것을 의지하여 수행하면 다 성불함을 얻고 형상과 탑묘와 내지
사리에 한 번이라도 공양을 한다면 천 번을 돌이켜 하늘에 태어난다
한 등이다 하였다.

그런 까닭으로 머리로부터 발에 이른다고 한 아래는 두 번째 은덕이
지중함을 맺어 성립한 것이다.
사람이 작은 은덕을 얻었다고 한 아래는 세 번째 경전을 인용하여

一分은 有世間時요 二分은 有出世間時요 三分은 入滅로 庶衆生時이다.
즉 일분은 세간에 있을 때이고, 이분은 출세간에 있을 때이고, 삼분은 입멸入
滅로 중생을 감쌀 때라는 것이다.

341 팔장八藏은 『菩薩處胎經』에 一은 胎化藏이니 佛胎中에 化現을 말한다(處胎
經). 二는 中陰藏이니 中陰經을 말한다. 三은 摩訶衍方等藏이니 華嚴, 法華,
涅槃經 等의 大乘經을 말한다. 四는 戒律藏이요 五는 十住菩薩藏이요 六은
雜藏이니 人天, 二乘, 三乘이 修行하여 果를 얻는 것을 말한다. 七은 金剛藏이
니 等覺의 金剛喩定을 말한다. 八은 佛藏이니 부처님의 一切法門이다.
(불교사전 참고.)

증거하여 성립하되 함께 세 가지 경을 인용하였으니,

처음에는 곧 『열반경』 제이십팔권이요

두 번째 은덕을 알지 못하는 사람이라고 한 것은 곧 이 『화엄경』
사십팔권 여래수호공덕품이요

그런 까닭으로 경에 말하기를이라고 한 아래는 세 번째 다른 경을
인용한 것이니,

먼저 한 게송은 경문을 구족한 것이요

오직 자리와 이타라고 한 아래는 뜻을 취하여 인용한 것이지만
저도 또한 한 게송이니,

저 게송에 말하기를

오직 어떤 사람이라도 바른 법장을 전하여 가져

교리敎理를 선양하여 중생에게 베풀어주고

한 생각에 닦아 익혀 진여에 계합하면

곧 이것은 진실로 여래의 은덕을 갚은 사람이라 할 것이다 하였다.

회통한 뜻342은 가히 알 수가 있을 것이다.

---

342 원문에 회의會意는 자리이타自利利他로 여실如實히 수행修行하는 것이 부처님
   의 은덕을 갚는다고 한 뜻이다.

經

若見沙門인댄 當願衆生이
調柔寂靜하야 畢竟第一하리다

만약 사문을 본다면
마땅히 중생이
조순하고 적정하여
필경에 제일이기를 서원할 것입니다.

疏

沙門은 此云止息이니 畢竟止息은 唯大涅槃이라

사문이라고 한 것은 여기에서 말하면 그쳐 쉬는(止息) 것이니
필경에 그쳐 쉬는 것은 오직 대열반뿐이다.

経

見婆羅門에　當願衆生이
永持梵行하야 離一切惡하며

見苦行人에　當願衆生이
依於苦行하야 至究竟處하며

見操行人에　當願衆生이
堅持志行하야 不捨佛道하며

見著甲冑에　當願衆生이
常服善鎧하고 趣無師法하리다

바라문을 볼 때에
마땅히 중생이
영원히 범행梵行을 가져
일체의 악행을 떠나기를 서원하며

고행하는 사람을 볼 때에
마땅히 중생이
저 고행을 의지하여
구경究竟의 처소에 이르기를 서원하며

지조 있게 수행하는 사람을 볼 때에
마땅히 중생이
뜻 있는 행을 굳게 가져
부처님의 도를 버리지 않기를 서원하며

갑옷을 입은 사람을 볼 때에
마땅히 중생이
항상 선행의 갑옷[343]을 입고
스승 없는 법에 나아가기를 서원할 것입니다.

疏

世之甲胄는 隨於師旋거니와 進忍甲胄는 趣於無師니라

세상의 갑옷은 사단과 여단[344]을 따르거니와, 정진과 인욕의 갑옷은
스승이 없는 데 나아가는 것이다.

---

343 鎧는 '갑옷 개' 자이다.
344 사단과 여단은 곧 군대를 말함이다.

經

見無鎧仗에　　當願衆生이
永離一切의　不善之業하며

見論議人에　　當願衆生이
於諸議論을　悉能摧伏하며

見正命人에　　當願衆生이
得清淨命하야　不矯威儀하리다

갑옷과 병장기가 없는 사람을 볼 때에
마땅히 중생이
영원히 일체
착하지 않는 업을 떠나기를 서원하며

논의하는 사람을 볼 때에
마땅히 중생이
모든 논의를
다 능히 꺾어 항복받기를 서원하며

바른 생활을 하는 사람을 볼 때에
마땅히 중생이
청정한 생활을 얻어서

위의를 속이지³⁴⁵ 않기를 서원할 것입니다.

疏

能離五邪하야사 方爲正命이니 謂一은 詐現奇特이요 二는 自說功
德이요 三은 占相吉凶이요 四는 高聲現威하야 令他敬畏요 五는
爲他說法이라 行此五事호대 若爲利養인댄 皆邪命也라 第三句는
通願離五요 第四句는 但離初一이라

능히 다섯 가지 삿된 생활(五邪)을 버려야 바야흐로 바른 생활이
되나니
말하자면 첫 번째는 거짓으로 기특함을 나타내는 것이요
두 번째는 스스로 공덕을 설하는 것이요
세 번째는 길하고 흉함을 점쳐 그리는 것이요
네 번째는 높은 소리로 위의를 나타내어 다른 사람으로 하여금
공경하고 두렵게 하는 것이요
다섯 번째는 다른 사람을 위하여 법을 설하는³⁴⁶ 것이다.
이 다섯 가지 사실을 행하되 만약 이양利養을 위하여 한다면 다
삿된 생활(邪命)인 것이다.
제 세 번째 구절은 모두 다섯 가지 삿된 생활을 떠나기를 서원하는
것이요

345 矯는 '속일 교' 자이다.
346 여기서 설법說法은 직업적으로 법을 설하는 것을 말한다.

제 네 번째 구절은 다만 처음에 한 가지 삿된 생활만 떠나기를
서원하는 것이다.

鈔

能離五邪者는 卽智論二十二엔 其第五를 名稱說所得供養하야 以
動人心이라하고 前四全同하니라

능히 다섯 가지 삿된 생활을 떠난다고 한 것은 곧 『지도론』 이십이권
에는 제 다섯 번째를 이름하여 얻은 바 공양을 칭설하여 사람의
마음을 움직이는 것이다 하였고, 앞에 네 가지는 온전히 같다.

經

若見於王인댄 當願衆生이
得爲法王하야 恒轉正法하며

若見王子인댄 當願衆生이
從法化生하야 而爲佛子하며

若見長者인댄 當願衆生이
善能明斷하야 不行惡法하며

若見大臣인댄 當願衆生이
恒守正念하야 習行衆善하리다

만약 왕을 본다면
마땅히 중생이
법왕이 됨을 얻어
항상 정법을 전하기를 서원하며

만약 왕자를 본다면
마땅히 중생이
진리를 좇아 화생하여
불자가 되기를 서원하며

만약 장자를 본다면
마땅히 중생이
잘 능히 현명하게 판단하여
악법을 행하지 않기를 서원하며

만약 대신을 본다면
마땅히 중생이
항상 바른 생각을 지켜
수많은 선법을 닦아 행하기를 서원할 것입니다.

疏

明斷하야사 方稱長者요 守王正法하야사 始曰大臣이라

현명하게 판단하여야 바야흐로 장자라 이름할 것이요
왕의 정법을 지켜야 비로소 대신이라 말할 것이다.

經

若見城廓인댄 當願衆生이
得堅固身하야 心無所屈하며

若見王都인댄 當願衆生이
功德共聚하야 心恒喜樂하며

見處林藪에　當願衆生이
應爲天人이　之所歎仰하리다

만약 성곽을 본다면
마땅히 중생이
견고한 몸을 얻어
마음이 굴복하는 바가 없기를 서원하며

만약 왕도王都를 본다면
마땅히 중생이
공덕을 함께 모아
마음이 항상 환희하고 즐거워하기를 서원하며

숲속에 거처함을 볼 때에
마땅히 중생이
응당 하늘과 사람이

찬탄하여 우러러보는 바가 되기를 서원할 것입니다.

疏

第七에 若見城郭下에 二十二願은 到城乞食時願이라 初三은 總
處니 王都는 則賢達輻輳요 林藪는 則衆德攸歸라

제 일곱 번째 만약 성곽을 본다면이라고 한 아래에 스물두 가지
서원은 성에 들어가 걸식할 때에 서원이다.
처음에 세 가지 서원은 처소를 총괄[347]한 것이니,
왕도라고 한 것은 곧 현명하고 달통한 사람들이 폭주輻輳[348]처럼
모이는 곳이요
숲속(林藪)이라고 한 것은 곧 수많은 공덕이 돌아갈 곳이다.

---

347 원문에 총처總處의 총總은 총명總明이다.
348 폭주輻輳는 바퀴살이 바퀴통에 모임과 같이 사물이 한 곳으로 모임에 비유한
   것이다.

經

入里乞食에　當願衆生이
入深法界하야 心無障礙하며

到人門戶에　當願衆生이
入於一切　佛法之門하며

入其家已에　當願衆生이
得入佛乘하야 三世平等하리다

동리에 들어가 걸식할 때에
마땅히 중생이
깊은 법계에 들어가
마음에 장애가 없기를 서원하며

사람의 문 앞에 이르렀을 때에
마땅히 중생이
일체
불법의 문에 들어가기를 서원하며

그 집에 들어간 이후에
마땅히 중생이
불승佛乘에 들어감을 얻어

삼세가 평등하기를 서원할 것입니다.

疏

次三은 入里入家니 未入則諸家差別거니와 入已唯一無多가 如
入佛乘엔 無二三也니라

다음에 세 가지 서원은 동리에 들어가고 집에 들어가는 것이니
아직 들어가기 이전에는 곧 모든 집이 차별[349]하거니와, 들어간 이후
에는 오직 한 집뿐이고 많은 집이 없는[350] 것이 마치 불승에 들어간
이후에는 이승과 삼승이 없는 것과 같다.

---

349 원문에 미입즉제가차별未入則諸家差別이라고 한 것은 아직 집에 들어가기
이전에는 곧 모든 집 가운데 들어갈 바 집이 결정되지 아니한 까닭으로
모든 집이 차별한 것이니, 아직 불승佛乘에 들어가기 이전엔 삼승三乘이
차별함에 비유한 것이다.
350 원문에 입이유일무다入已唯一無多라고 한 것은 이미 집에 들어간 이후엔
다만 들어간 그 한 집뿐이고 나머지 다른 모든 집에는 들어갈 수 없는
것이니, 불승佛乘에 들어간 이후엔 이승二乘, 삼승三乘이 없는 것에 비유한
것이다.

經

見不捨人에　當願衆生이
常不捨離　　勝功德法하며

見能捨人에　當願衆生이
永得捨離　　三惡道苦하며

若見空鉢에　當願衆生이
其心淸淨하고 空無煩惱하며

若見滿鉢인댄 當願衆生이
具足成滿　　一切善法하며

若得恭敬인댄 當願衆生이
恭敬修行　　一切佛法하며

不得恭敬에　當願衆生이
不行一切　　不善之法하며

見慚恥人에　當願衆生이
具慚恥行하야 藏護諸根하며

見無慚恥에　當願衆生이
捨離無慚하야 住大慈道하리다

버리지 않는 사람을 볼 때에
마땅히 중생이
항상 수승한 공덕의 법을
버리지 않기를 서원하며

능히 버리는 사람을 볼 때에
마땅히 중생이
영원히 삼악도의 고통을
버리고 떠남을 얻기를 서원하며

만약 빈 발우를 본다면
마땅히 중생이
그 마음이 청정하고
비어 번뇌가 없기를 서원하며

만약 가득 찬 발우를 본다면
마땅히 중생이
일체 착한 법을
구족하여 성만하기를 서원하며

만약 공경함을 얻는다면
마땅히 중생이
일체 불법을

공경하고 수행하기를 서원하며

공경함을 얻지 못할 때에
마땅히 중생이
일체 착하지 않는 법을
행하지 않기를 서원하며

부끄러워하는 사람을 볼 때에
마땅히 중생이
부끄러워하는 행을 갖추어
육근을 감추고 보호하기를 서원하며

부끄러워함이 없는 사람을 볼 때에
마땅히 중생이
부끄러워함이 없음을 버리고 떠나
큰 자비의 도에 머물기를 서원할 것입니다.

疏

次八은 乞食에 得不得願이라

다음에 여덟 가지 서원은 걸식할 때에 얻고 얻지 못함의 서원이다.

經

若得美食인댄 當願衆生이
滿足其願하야 心無羨欲하며

得不美食에　當願衆生이
莫不獲得　　諸三昧味하며

得柔軟食에　當願衆生이
大悲所熏으로 心意柔軟하며

得麁澁食에　當願衆生이
心無染著하야 絶世貪愛하며

若飯食時인댄 當願衆生이
禪悅爲食하야 法喜充滿하며

若受味時인댄 當願衆生이
得佛上味하야 甘露滿足하며

飯食已訖에　當願衆生이
所作皆辦하야 具諸佛法하리다

만약 맛이 좋은 음식을 얻는다면
마땅히 중생이

그 서원을 만족하여
마음에 부러운[351] 욕심이 없기를 서원하며

맛이 좋지 않은 음식을 얻을 때에
마땅히 중생이
모든 삼매의 맛을
얻지 아니함이 없기를 서원하며

부드러운 음식을 얻을 때에
마땅히 중생이
대비의 훈습한 바로
마음과 뜻이 부드럽기를 서원하며

거칠고 떫은[352] 음식을 얻을 때에
마땅히 중생이
마음이 물들고 집착함이 없어서
세간에 탐욕과 애욕을 끊기를 서원하며

만약 음식을 먹을 때면
마땅히 중생이
선열禪悅로 음식을 삼아

351 羨은 '부러울 선' 자이다.
352 澁은 '떫을 삽' 자이다.

진리의 기쁨이 충만하기를 서원하며

만약 맛을 느낄 때면
마땅히 중생이
부처님의 최상의 맛을 얻어
감로의 맛이 충족되기를 서원하며

음식을 먹어 마친 뒤에
마땅히 중생이
작위하던 바를 다 처리하여[353]
모든 불법을 갖추기를 서원할 것입니다.

疏

次七은 得食正食이라

다음에 일곱 가지 서원은 음식을 얻어 바로 먹는 것이다.

---

353 辦은 여기서는 처리한다는 뜻이다.

經

若說法時인댄 當願衆生이
得無盡辯하야 廣宣法要하리다

만약 법을 설할 때면
마땅히 중생이
끝없는 변재를 얻어
널리 법의 요체를 선설하기를 서원할 것입니다.

疏

後一은 食訖說法이니 亦爲報施主之恩也라 其中云호대 藏護諸
根者는 瑜伽엔 名善守根門이라하고 淨名云호대 所見色與盲等이
라하며 乃至云호대 知諸法如幻相이라하니 是也니라

뒤에 한 가지 서원은 음식을 먹어 마친 뒤에 법을 설하는 것이니
또한 시주의 은덕을 갚는 것이 되는 것이다.
그 가운데 말하기를 육근을 감추고[354] 보호한다고 한 것은 『유가론』에
서는 이름을 육근문두를 잘 지킨다고 하였고,
『정명경』에서는 말하기를 본 바의 색상을 봉사와 더불어 같게 한다
하였으며,

---

354 육근 운운은 영인본 화엄 5책, p.205, 7행 경문經文이다.

내지 말하기를 모든 법이 환상과 같은 줄 알아야 한다 하였으니
이것이다.

鈔

瑜伽엔 名善守根門者는 卽第二十三論云호대 云何根律儀고 謂如
有一能善安住하야 密護根門하며 防守正念이라하야 乃至廣說하니라
云何名爲密護根門고 謂防守正念하며 常委正念하며 乃至防護意根
하며 及正修行意根律儀等이라하니라 淨名云호대 所見色等者는 卽
迦葉章에 令迦葉으로 以空聚想으로 入於聚落하야 所見色於盲等하
며 所聞聲與響等하며 所嗅香與風等하며 所食味不分別하며 受諸觸
如智證하며 知諸法如幻相하야 無自性無他性하며 本自不生하며 今
則無滅等이라하니 是故藏護諸根하면 則不犯塵境하야 成六自在王
거니 豈爲六賊의 所劫奪耶아

『유가론』에서는 이름을 육근문두를 잘 지킨다고 한다 한 것은 곧
제이십삼론에 말하기를
어떤 것이 육근의 율의律儀인가.
말하자면 만일 어떤 한 사람이 한결같이 능히 잘 안주하여 육근문두
를 은밀하게 보호하며
바른 생각을 막아 지키는 것이다 하여 내지 폭넓게 설하였다.
어떤 것이 이름이 육근문두를[355] 은밀하게 보호하는 것인가.

─────────
355 어떤 것이 이름이 육근문두라고 한 등은 이 위에는 한꺼번에 표한 것이고,

말하자면 바른 생각을 막아 지키며

바른 생각을 항상 위곡하게 하며,

내지 의근意根을 막아 보호하며

그리고 의근의 율의를 바로 수행하는 등[356]이다 하였다.

『정명경』에서는 말하기를 본 바의 색상을 봉사와 더불어 같게 한다
고 한다 한 것은 곧 가섭장에 가섭으로 하여금 취락이 공하다는
생각으로써 취락에 들어가 본 바 색상을 봉사로 더불어 같게 하며,

들은 바 소리를 메아리로 더불어 같게 하며,

맡은 바 향기를 바람으로 더불어 같게 하며,

먹은 바 맛을 분별치 않게 하며,[357]

모든 촉감을 느끼기를 지혜를 증득함과 같게 하며,

모든 법이 환상과 같아서 자성이 없으며,

타성他性이 없으며

본래 스스로 생긴 적이 없으며,

지금에 곧 사라진 적도 없는 줄 알게 하는 등이다 하였으니,

여기에 묻고 해석한 것에는 두 가지가 있나니, 처음에는 육근문두를 은밀하게
보호하는 것을 해석한 것이니 본과를 볼 것이다. 역시 『잡화기』의 말이다.

356 등等이라고 한 것은 如是名爲密護根門, 즉 이와 같은 것을 육근문두를
은밀하게 보호하는 것이라 이름한다는 것을 등취한 것이다. 역시 『잡화기』의
말이다.

357 원문에 소식미불분별所食味不分別이라고 한 것은 心不在焉이면 食而不知其
味, 즉 생각 없이 먹으면 밥을 먹어도 그 맛을 모른다는 뜻이다.

이런 까닭으로 육근을 감추고 보호하면 곧 육진의 경계를 범하지
아니하여 육자재왕을 성취할 것이어니
어찌 육적六賊에 겁탈劫奪하는 바가 되겠는가.

經

從舍出時에　當願衆生이
深入佛智하야　永出三界하며

若入水時인댄　當願衆生이
入一切智하야　知三世等하며

洗浴身體에　當願衆生이
身心無垢하야　內外光潔하며

盛暑炎毒에　當願衆生이
捨離衆惱하야　一切皆盡하며

暑退涼初에　當願衆生이
證無上法하야　究竟淸涼하리다

집으로 좇아 나올 때에
마땅히 중생이
깊이 부처님의 지혜에 들어가
영원히 삼계에서 벗어나기를 서원하며

만약 물에 들어갈 때면
마땅히 중생이

일체 지혜에 들어가
삼세가 평등한 줄 알기를 서원하며

신체를 씻을 때에
마땅히 중생이
몸과 마음이 때가 없어서
안과 밖으로 빛나고 맑기를 서원하며

한더위에 그 더위로 괴로워할 때에[358]
마땅히 중생이
수많은 번뇌를 버려
일체가 다 끝나기를 서원하며

더위가 물러가고 청량함이 처음 올 때에
마땅히 중생이
더 이상 없는 법을 증득하여
구경에 청량하기를 서원할 것입니다.

疏

第八에 從舍出下는 還歸洗浴과 時節炎涼의 五願이니 可知라

---

358 원문에 성서盛暑는 자전에 한더위라 하고, 염독炎毒은 자전에 대단한 더위의
괴로움이라 하였다.

제 여덟 번째 집으로 좇아 나올 때라고 한 아래는 도리어 집에
돌아가[359] 씻는 것과 시절이 덥고 청량한 다섯 가지 서원[360]이니
가히 알 수가 있을 것이다.

---

359 환귀還歸란, 第一頌에 집으로 좇아 나왔다고 하기에 도리어 집으로 돌아간다
고 말한 것이다.

360 다섯 가지 서원(五願)이라고 한 것은, 사실은 第三頌, 第四頌, 第五頌의
三願뿐이다. 따라서 五願의 五 자를 연자衍字로 보기도 한다. 그러나 환귀還歸
에 第一頌, 第二頌이 포함되어 있다.

經

諷誦經時에　當願衆生이
順佛所說하야 總持不忘하며

若得見佛인댄 當願衆生이
得無礙眼하야 見一切佛하며

諦觀佛時에　當願衆生이
皆如普賢의　端正嚴好하며

見佛塔時에　當願衆生이
尊重如塔하야 受天人供하며

敬心觀塔에　當願衆生이
諸天及人이　所共瞻仰하며

頂禮於塔에　當願衆生이
一切天人이　無能見頂하며

右遶於塔에　當願衆生이
所行無逆하야 成一切智하며

遶塔三匝에　當願衆生이
勤求佛道하야 心無懈歇하며

讚佛功德에　當願衆生이
衆德悉具하야 稱歎無盡하며

讚佛相好에　當願衆生이
成就佛身하야 證無相法하리다

경전을 읊고 외울 때에
마땅히 중생이
부처님이 설하신 바를 따라
모두 받아가져 잊지 않기를 서원하며

만약 부처님 친견함을 얻는다면
마땅히 중생이
걸림이 없는 눈을 얻어
일체 부처님 친견하기를 서원하며

부처님을 자세하게 관찰할 때에
마땅히 중생이
다 보현보살의
단정한 상호 장엄과 같기를 서원하며

부처님의 탑을 볼 때에
마땅히 중생이
탑과 같이 존중하여

하늘과 사람들의 공양을 받기를 서원하며

공경하는 마음으로 탑을 관찰할 때에
마땅히 중생이
모든 하늘과 그리고 사람들이
함께 우러러보는 바가 되기를 서원하며

탑에 정례할 때에
마땅히 중생이
일체 하늘과 사람들이
능히 정상을 볼 수 없기를 서원하며

탑을 오른쪽으로 돌 때에
마땅히 중생이
행하는 바가 거스름이 없어서
일체 지혜를 이루기를 서원하며

탑을 세 번 돌 때에
마땅히 중생이
부지런히 불도를 구하여
마음이 게으르거나 쉼이 없기를 서원하며

부처님의 공덕을 찬탄할 때에

마땅히 중생이
수많은 공덕을 다 갖추어
칭찬이 끝이 없기를 서원하며

부처님의 상호를 찬탄할 때에
마땅히 중생이
부처님의 몸을 성취하여
모습이 없는 법을 증득하기를 서원할 것입니다.

疏

第九에 諷誦下는 習誦旋禮時에 有十願이니 右者順義라 故로 普
耀經第二에 亦云호대 菩薩降神에 趣右脇者는 所行無逆故라하니
라 佛功德者는 謂如來十力等이라

제 아홉 번째 경전을 읊고 외울 때라고 한 아래는 익히고 외우고
돌고 예배할 때에 열 가지 서원이 있는 것이니,
오른쪽으로 돈다고 한 것은 순종의 뜻이다.
그런 까닭으로 『보요경』 제이권에 또한 말하기를 보살이 강탄(降神)
하실 때에 오른쪽 옆구리로 나오신 것은 행하는 바가 거스름이
없는 까닭이다 하였다.
부처님의 공덕이라고 한 것은 말하자면 여래의 열 가지 힘이라고
한 등이다.

経

若洗足時　　當願衆生이
具神足力하야 所行無礙하며

以時寢息에　當願衆生이
身得安隱하고 心無動亂하며

睡眠始寤에　當願衆生이
一切智覺하야 周顧十方하리다

만약 발을 씻을 때면
마땅히 중생이
신족력을[361] 구족하여
행하는 바가 걸림이 없기를 서원하며

때가 되어 잠을 자고 쉴 때에
마땅히 중생이
몸이 안은함을 얻고
마음이 움직이거나 산란함이 없기를 서원하며

---

361 고본은 具足神力이라 하였으나 교정본은 具神足力이라 하니 더 일리가
있어 고쳐 번역하였다. 발을 씻을 때이니 신족력이 옳다 하겠다.

잠을 자고 비로소 깨어날 때에
마땅히 중생이
일체 지혜를 깨달아
시방을 두루 돌아보기를 서원할 것입니다.

疏

第十에 若洗足下는 寤寐安息時에 三願이라 一切智覺者는 非唯
三世齊明이라 抑亦十方洞曉니 一日始終旣爾인댄 餘時類然하
니라

제 열 번째 만약 발을 씻을 때면이라고 한 아래는 깨거나 자거나
편안히 쉴 때에 세 가지 서원이다.
일체 지혜를 깨닫는다고 한 것은 오직 삼세에 똑같이 밝을 뿐만
아니라 우러러 또한 시방에도 훤히 밝나니,
하루의 시작과 끝이 이미 그러하다면 나머지 시간[362]에도 똑같이[363]
그러한 것이다.

---

362 餘 자 아래에 時 자가 있는 것이 좋아 보증하여 번역하였다.
363 類 자는 여기서는 같다는 뜻이다.

經

佛子야 若諸菩薩이 如是用心인댄 則獲一切勝妙功德하야 一切
世間과 諸天과 魔梵과 沙門과 婆羅門과 乾闥婆와 阿脩羅等과
及以一切聲聞과 緣覺이 所不能動이니라

불자여, 만약 모든 보살이 이와 같이 마음을 쓴다면 곧 일체 수승하
고 묘한 공덕을 얻어 일체 세간과 모든 하늘과 마군과 범천과
사문과 바라문과 건달바와 아수라 등과 그리고 일체 성문과 연각이
능히 움직이지 못할 바입니다.

疏

第三에 若諸菩薩下는 結歎因所成益이라 若能如上인댄 爲善用
心이니 若此用心인댄 則內德齊圓하고 外不能動하리라 心游大智
일새 故人天不能動하고 心冠大悲일새 故二乘不能動하나라 不動
有二하니 一은 修行時에 此等이 不能惑亂故요 二는 不希彼故라

제 세 번째 불자여, 만약 모든 보살이 이와 같이 마음을 쓴다면이라고
한 아래는 원인이 이룬 바 이익을 맺어 찬탄한 것이다.
만약 능히 이상과 같이 하면 마음을 잘 쓰는 것이 되나니,
만약 이와 같이 마음을 쓴다면 곧 안으로 공덕이 가지런하게 원만하
고 밖으로 사물이 능히 움직이지 못할 것이다.
마음이 큰 지혜에 노닐기에 그런 까닭으로 사람과 하늘이 능히

움직이지 못하고,

마음이 큰 자비의 관冠을 쓰기에 그런 까닭으로 이승이 능히 움직이

지 못하는 것이다.

움직이지 못함에 두 가지가 있나니

첫 번째는 수행할 때에 이 사람과 하늘 등이 능히 현혹하여 요란하게

못하는 까닭이요

두 번째는 저 이승의 법을 희구하지 않는 까닭이다.

청량 징관(淸凉 澄觀, 738~839)

중국 화엄종의 제4조.

절강성浙江省 월주越州 산음山陰 사람으로, 속성은 하후夏侯, 자는 대휴大休, 탑호는 묘각妙覺이다.

11세에 출가하여 계율, 삼론, 화엄, 천태, 선 등을 비롯, 내외전을 두루 수학하였다. 40세(777년) 이후 오대산 대화엄사에 머물면서『화엄경』을 여러 차례 강설하였으며, 이를 토대로『대방광불화엄경소』60권,『대방광불화엄경수소연의초』90권을 저술하고 강의하였다. 796년에는 반야삼장의『40권 화엄경』번역에 참여하였고, 덕종에게 내전에서 화엄의 종지를 펼쳤다. 덕종에게 청량국사淸凉國師, 헌종에게 승통청량국사僧統淸凉國師라는 호를 받는 등 일곱 황제의 국사를 지냈다.

저서로『화엄경주소華嚴經註疏』,『화엄경수소연의초華嚴經隨疏演義鈔』,『화엄경강요華嚴經綱要』,『화엄경략의華嚴經略義』,『법계현경法界玄鏡』,『삼성원융관문三聖圓融觀門』등 400여 권이 있다.

관허 수진貫虛 守眞

1971년 문성 스님을 은사로 출가, 1974년 수계, 해인사 강원과 금산사 화엄학림을 졸업하고, 운성, 운기 등 당대 강백 열 분에게 10년간 참문수학하였다.

1984년부터 수선안거 10년을 성만하고, 1993년부터 7년간 해인사 강원 강주로 학인들을 지도하였다.

대한불교조계종 교육위원, 역경위원, 교재편찬위원, 중앙종회의원, 범어사 율학승가대학원장 및 율주를 역임하였다.

현재 부산 승학산 해인정사에 주석하면서, 대한불교조계종 고시위원장, 단일계단 계단위원·존증아사리, 동명대학교 석좌교수, 동명대학교 세계선센터 선원장 등의 소임을 맡고 있다.

청량국사화엄경소초 31 - 정행품

초판 1쇄 인쇄 2023년 7월 10일 | 초판 1쇄 발행 2023년 7월 24일
청량 징관 찬술 | 관허 수진 현토역주 | 펴낸이 김시열
펴낸곳 도서출판 운주사

　　　(02832) 서울시 성북구 동소문로 67-1 성심빌딩 3층

　　　전화 (02) 926-8361 | 팩스 0505-115-8361

ISBN 978-89-5746-739-8 94220
ISBN 978-89-5746-592-9 (총서)　값 20,000원

http://cafe.daum.net/unjubooks 〈다음카페: 도서출판 운주사〉